Michael Neumann-Adrian

Wanderungen in Umbrien

Kultur zu Fuß

Michael Neumann-Adrian

Wanderungen in Umbrien

60 Farbabbildungen,
30 Tourenkarten
und eine Übersichtskarte

Kultur zu Fuß

STEIGER VERLAG

Die Autoren:
Michael Neumann-Adrian und seine Frau Edda, die ihn bei den Arbeiten für dieses Buch unterstützte, leben als freie Publizisten am Starnberger See bei München, wenn sie nicht auf Reisen in Europa, im Nahen Osten oder Indien unterwegs sind. Über Umbrien haben sie bereits einen Reiseführer veröffentlicht.

Die Deutsche Bibliothek - CIP-Einheitsaufnahme

Neumann-Adrian, Michael:
Wanderungen in Umbrien / Michael Neumann-Adrian. -
Augsburg : Steiger, 1997
(Kultur zu Fuss)

ISBN 3-89652-029-6

Gedruckt auf chlorfrei gebleichtem Papier.

Steiger Verlag

Konzeption: Dr. Petra Altmann
Lektorat: Frank Heins
Kartenskizzen: Ingenieurbüro für Kartographie Heidi Schmalfuß, München
Layoutentwurf: VerlagsService Dr. Helmut Neuberger & Karl Schaumann, Heimstetten
Satz und Reproduktion: Typework Layoutsatz & Grafik GmbH, Augsburg
Druck und Bindung: Druckerei Appl, Wemding

Einbandvorderseite: Bagnoreggio (IFA-Bilderteam, München / Foto: Everts), Vignette auf Einbandvorderseite: Assisi (Mauritius, Mittenwald / Foto: Mehlig), Einbandrückseite: Blick auf Orvieto (IFA-Bilderteam, München / Foto: Fred), S. 1: Bei Torre Gentile, S. 2/3: Todi. Sofern nicht anders angegeben, stammen alle Abbildungen von Michael Neumann-Adrian.

Für Rat und Unterstützung danken Edda und Michael Neumann-Adrian vielen, voran den kompetenten Mitarbeitern in den Tourismusämtern der Region und den umbrischen Freunden Enzo Cori, Ellen Krauser, Giulio Mancini, Giuliana Servadio und Rosemarie Strunk.

Printed in Germany
ISBN 3-89652-029-6

Inhaltsverzeichnis

= für Kinder besonders geeignete Touren

Sansepolcro
Cagli
Iesi
Città di Castello
Gubbio
28
27
Umbértide
Sigillo
Fabriano
Cortona
29
1
Tuoro
Gualdo Tadino
Tolentino
Magione
2
Lago Trasimeno
Perugia
30
Camerino
25
Assisi
Bastia
26
24
Panicale
Pieve Torina
3
23
Spello
Città della Pieve
4
Foligno
21
Monti Sibillini
5
Ficulle
Trevi
22
16
17
Nórcia
Todi
Lago di Corbara
Orvieto
9
Spoleto
18
Valnerina
8
19
20
Cascia
7
6
15
Bolsena
11
12
Accúmoli
Lago di Bolsena
San Gémini
13
Lago di Alviano
10
14
Monte-fiascone
Amelia
Terni
Aringo
Piediluco
Narni
Viterbo
Pizzoli
Cottanello
Rieti
Caprarola
Lago di Vico
Ronciglione
Cívita Castellana
Lago di Bracciano
N
0
10km

Einführung

Das grüne Herz Italiens

Was erzählt man den Freunden zuerst nach einem Urlaub in Umbrien? Von den Hügelstädten, die sich so malerisch und mittelalterlich aus der umbrischen Landschaft heben! Spoleto und Orvieto, Todi und Trevi, Amelia und Montefalco zeigen alle noch ihre jahrhundertealten Mauern, Treppen und Türme. Jedesmal wieder ist es für den Wanderer ein wunderbares Erlebnis, aus den Gassen und Toren dieser umbrischen Städte unmittelbar in das grüne Land hinauszugehen. Die Ringe aus Betonkuben und Verkehrskreuzen, Industriegewerbe und Supermärkten, die auch in Italien die meisten Siedlungen umschließen, sind in Umbrien noch selten, man stößt auf sie fast nur um die Hauptstadt Perugia und südlich in der breiten Ebene der Valle Umbra.

Klein ist schön, das gilt auch für Umbrien, das mit seiner Fläche von nur achteinhalbtausend Quadratkilometern zu den kleinsten unter Italiens zwanzig Regionen gehört. Von den Gipfeln

Umbrien, wie es die Freunde dieses italienischen Herzlandes lieben: warmes Licht über Olivenbäumen und Zypressen, ein friedliches kleines Gehöft.

des langgestreckten umbrischen Apennins reicht der Blick zur Adria, von Perugia ist man rasch in Florenz, von Terni auf der Autobahn schnell in Rom. Trotz dieser Zentrallage scheint im »grünen Herz Italiens«, wie Umbrien in allen Tourismusprospekten heißt, bis über die Mitte des 20. Jahrhunderts in vielen Lebensbereichen die Zeit stehengeblieben zu sein.

Das hat seine Ursache auch in Umbriens allgegenwärtiger Berg- und Tallandschaft. Sie wies die großen Verkehrsströme lange ab, nur im äußersten Westen fährt man auf der Autostrada del Sole über umbrischen Boden. Erst neuerdings ist die »Superstrada« durchs Tibertal und weiter südlich in Richtung Terni/Orte ausgebaut worden (E 45). Auf den kurvenreichen Bergstraßen westlich und östlich des Tibers sollte man es nicht eilig haben.

Wanderland für Entdecker

Nur im Nationalpark der Monti Sibillini steigen Gipfel auf mehr als 1700 m Höhe an. Umbrische Wanderwege verlaufen in ihrer großen Mehrheit in Mittelgebirgen, durch grünes Wald- und Felderland, ohne große Herausforderung an die Kondition des Wanderers. Gefordert ist jedoch öfters sein Scout-Talent. Zwar bemühen sich die umbrische Sektion des Club Alpino Italiano und viele Gemeinden um die Erschließung des Wanderlandes Umbrien. Derzeit stehen jedoch erst für die wenigsten Wandergebiete aktuelle Karten im Maßstab 1:25 000 zur Verfügung. Statt auf Wege oder Pfade ist man häufig noch auf die »weißen Straßen« verwiesen, die »strade bianche«, ohne Asphaltierung (Asphaltstraßen werden in diesem Führer möglichst vermieden). Faltblätter und Wanderprospekte verheißen markierte Wege, die im Gelände wegen der dann doch fehlenden Markierung nicht leicht auszumachen sind.

Eine Mangelsituation, die ihre im Wortsinn natürlichen Reize hat! Ursprünglichkeit und Stille sind in der umbrischen Landschaft noch stundenweit zu erleben. Hat man sich dann doch verlaufen, ist das nächste Dorf nicht unerreichbar. Eine goldene Regel gilt zwingend: Kompaß und ausreichend Getränk nicht vergessen! Auch wenn das Dorf eine beachtliche Renaissancekirche oder eine Adelsburg hat, eine ganz andere Frage ist, ob auch eine offene Bar oder Osteria zu finden ist. In dem einen oder anderen Dorf haben sich sogar Feinschmeckeradressen

Fast ein zweites Pompeji: Carsulae bei San Gemini, eine antike Provinzstadt, die mit ihrem Theater, Ehrenbögen und dem Forum restauriert wurde.

etabliert, umbrisch üblich ist es aber, sich kulinarisch in den Städten verwöhnen zu lassen. Oder aber an manchen Adressen, die als »Azienda agrituristica« Urlaub auf dem Lande bieten und ihren Gästen mit »cucina casalinga«, der heimischen Küche, auch mit den gastronomischen Spezialitäten bekannt machen.

Schlangen und andere Risiken

Gibt es noch andere Risiken, als den Weg zu verlieren? Wegen der Schlangen, die großenteils, aber nicht sämtlich harmlos sind, gehören im Naturgelände festes Schuhwerk (nicht nur Sandalen) zur Ausrüstung, wegen gelegentlich aggressiver Hofhunde ein fester Stock. Schönste Wanderzeiten sind unstrittig Frühjahr, Frühsommer und der Herbst, es sei denn, man ist für die Sommerhitze im Juli und August speziell konditioniert und läßt sich auch durch die Regentage nicht stören, die etwa Mitte November zu erwarten sind.
Störend ist alljährlich im Herbst die Schießwut der italienischen

Trauben kurz vor der Lese in der Rotweinregion von Montefalco bei Foligno – hier reifen die Sagrantino-, Grecchetto- und Satiro-Weine.

Nimrode. Erkundigen Sie sich im Hotel oder bei der Gemeinde nach den Jagdzeiten und machen Sie sich in unübersichtlichem Gelände durch kräftiges Rufen bemerkbar, verlassen Sie vorsichtshalber zumindest nicht den Weg! Offensichtlich konnte gegen diese absurde Jagdleidenschaft – einerseits berufen sich die Jäger auf das uralte freie umbrische Jagdrecht, andererseits ist die Beute in den überjagten Revieren kümmerlich – nicht einmal der umbrische Tierfreund San Francesco Entscheidendes bewirken. Der sprach ja mit den Vögeln und bei Gubbio sogar mit einem wilden Wolf, zähmte ihn, statt ihn zu töten. Der WWF, der World Wide Fund for Nature, der in Umbrien zwei »Oasi« zum Vogelschutz unterhält, setzt auf die nächste Generation, geht zu den Kindern in die Schulen, zeigt ihnen die natürlichen Kreisläufe auf und den Schaden der umbrischen Jagdpraxis.

Lebendiges Erbe

Die noch lebendigen Legenden um den hl. Franziskus, seine von Tausenden besuchten Lebensorte und Franziskus-Kirchen sind ein Beispiel dafür, wie in Umbrien eine große historische Persönlichkeit sichtbar und greifbar fort-

wirkt. Es ist ein Beispiel auch dafür, daß in Umbrien das Erbe jahrtausendealter Kultur nicht ins Museum abgeschoben oder nur zum Zwecke der Touristenwerbung aufpoliert wird. Ganz selbstverständlich gehört dieses Erbe zum umbrischen Alltag.
Dazu paßt: Umbriens farbenbunte Feste werden nicht als Touristenspektakel inszeniert, sie sind meist viel älter als der Tourismus. Das berühmteste kann man in Gubbio erleben, wenn man Anfang Mai in Umbrien unterwegs ist, die schon seit 1166 gefeierte »Festa dei Ceri«. Von ähnlich ehrwürdigem Alter sind die sakralen Prozessionen, Karnevals und die ritterliche Palio-Wettspiele. Jüngeren Datums ist Spoletos »Festival dei Due Mondi« im Juli, das der Komponist Gian-Carlo Menotti als eine Brücke zwischen Europa und der Neuen Welt begründete. Es hat nun auch schon bald die Tradition eines halben Jahrhunderts.
Ebenso werden die großen Sehenswürdigkeiten, die man sich auf der umbrischen Wanderreise nicht entgehen lassen möchte, nicht nur von Touristen, sondern von den Einheimischen besucht und wahrgenommen. Der Dom von Orvieto mit seiner grandiosen Mosaikfassade ist kein »Museum«, sondern eine Kirche lebendigen Glaubens. Umbrische Picknickrunden trifft man beim Wasserschauspiel der Cascate delle Marmore in der Nähe von Terni wie in den Ruinen der antiken Stadt Carsulae – kein aus der Vulkanasche erstandenes Pompeji, aber eine authentisch römische Provinzstadt – oder auf der autofreien Isola Maggiore im Trasimenischen See.

Wassersportler, Reiter, Gleitschirmflieger

Der Lago Trasimeno ist übrigens mit 128 qkm der größte auf der italienischen Halbinsel. Andere Seen dankt Umbrien der Wasserbautechnik, in der die Römer ja Meister waren. Sie stauten den Lago di Piediluco auf und schufen damit die Cascate delle Marmore. Erst aus dem 20. Jahrhundert datieren die Tiber-Stauseen Lago di Corbara und Lago di Alviano. Wassersportler kommen am besten auf dem Lago Trasimeno oder auf dem Lago di Bolsena im benachbarten Latium zum Baden, Segeln und Surfen.
Gleitschirmflieger aus aller Welt haben einen Treffpunkt in Castelluccio am Piano Grande, der »Großen Ebene« in den Monti Sibillini. Kanuten, Bergsteiger, Höhlenforscher, Angler, Tennisspieler und vor allem Reiter fin-

den die richtigen Plätze für ihren Sport.

Ideal für »Kultur zu Fuß«

Umbrien, das spürt man desto stärker, je intensiver man sich mit ihm einläßt, ist ein Land von menschlichem Maß, ein Land, in dem man zu arbeiten und zu genießen versteht. Die unscheinbaren Knollen der schwarzen und weißen Trüffeln, die Kundige mit ihren Hunden aus dem umbrischen Boden holen und sich grammweise teuer bezahlen lassen, sind die typische umbrische Spezialität: auf den ersten Blick von Nicht-Kennern leicht zu unterschätzen, doch hochdelikat. Man kann Umbrien nicht besser kennenlernen als Schritt um Schritt, an Weinbergmauern vorbei, über die großgeratene Eidechsen huschen, unter dem Silbergrün der Olivenbäume unterwegs, in den schattigen Gassen der alten Städte, auf den Höhen der umbrischen Berge. Sie konkurrieren nicht mit alpinen Gipfeln, schenken aber immerfort allerschönste Ausblicke.
Wie könnte man die Zeugnisse der Geschichte besser erkennen als zu Fuß? Nur einige Vorschläge: zum Monte Torre hinaufsteigen, wie es vor zweieinhalbtausend Jahren die umbrischen Ureinwohner taten. Zu den Tuffsteingräbern am Stadthang von Orvieto wandern wie die Etrusker. Zu den Säulen des römischen Tempels mitten in Assisi hinaufblicken wie auf seiner italienischen Reise schon Goethe. Weil der incognito reisende Weimaraner Minister sich nicht für San Francesco interessierte, gab es gleich Ärger mit der Polizei des Kirchenstaats.
Umbrien bucht in seiner Geschichte ja zwei lange Abschnitte: erstens die römische Herrschaft von etwa 300 v. Chr. bis zur Invasion der Goten und Langobarden im 6. Jh. n. Chr. und zweitens die päpstliche Herrschaft. Die begann im 9. Jh. mit einer Schenkung Karls des Großen, galt nach dem Ende der unabhängigen umbrischen Stadtrepubliken seit dem 16. Jh. für die ganze Region und dauerte bis 1860, als Umbrien sich dem neuen Italien anschloß. Burgen, Paläste und Kirchen in Fülle stammen aus der Kirchenstaat-Ära. Nach dem Zweiten Weltkrieg wählte Umbrien allerdings öfter als das übrige Italien lieber rot als schwarz.
Genießen Sie Umbriens Gegenwart mit ihrem überreichen Erbe der Geschichte, lassen Sie sich Umbriens Küche »al tartufo« schmecken – und vergessen Sie den Kompaß nicht!

1 Wo Hannibal Rom besiegte

Tourenlänge
8 km

Durchschnittliche Gehzeit
2 – 2½ Std.

Etappen
Staatsstraße – Sanguineto 2 km – Tuoro 3 km – Staatsstraße 2 km

Steigung
70 m

Interessantes am Weg
Tafeln mit Erläuterungen, archäologische Fundstellen. Ausstellung Tuoro

Wegcharakter
Leichte Rundwanderung mit neun historischen Stationen der Hannibal-Schlacht des Jahres 217 v. Chr.

Wegmarkierung
Derzeit knapp ausreichend (N 4)

Spurensuche am Lago Trasimeno

Der Lago Trasimeno ist mit 128 qkm Umbriens größter See und im Kranz seiner Hügellandschaften und Badeufer eines der beliebtesten umbrischen Urlaubsgebiete. Bis heute lebt aber auch die Erinnerung an die bittere Niederlage fort, die das antike Rom 217 v. Chr. am Nordufer des Sees erlitt. Eine nicht alltägliche Wanderung führt über das Schlachtfeld westlich Tuoros, wo der Karthager Hannibal das 25 000-Mann-Heer des Konsuls Flaminius zerschlug.
Am besten verschafft man sich zuerst in Tuoro im kleinen »Centro di documentazione permanente« (im gleichen Haus wie das Pro-Loco) einen Überblick über die archäologischen Entdeckungen und Spekulationen. Gesichert scheint heute: Vor 2200 Jahren reichte der See viel dichter an die Hügel.
Am Ausgangspunkt der Wanderung, an der Staatsstraße südlich vom Dorf Sanguineto, kann man sich dann deutlich die Engpässe über den Ufern vorstellen, die den römischen Legionen zur tödlichen Falle wurden. Zwischen friedlichen Mais-, Tabak- und Sonnenblumenfeldern führt der von Zypressen gesäumte Weg – anfangs Asphalt, dann weiße Straße – geradlinig auf das Dorf Sanguineto zu. Schautafeln, die 1996 teils noch erneuerungsbedürftig waren, erläutern die Positionen der Truppen und erinnern an den Konsul Flaminius, der mit 15 000 seiner Soldaten den Tod fand. Vermutlich war Flaminius' taktisches Versäumnis,

die mangelnde Aufklärung der gegnerischen Stellung, eine Hauptursache der römischen Niederlage. Im aufkommenden Nebel löste der Überraschungsangriff von den Höhen ein Chaos aus. Das Dorf Sanguineto hat bis heute seinen Namen von »sangue«, Blut.
Von Sanguineto, dem höchsten Punkt unserer Wanderung, mit entsprechend schöner Aussicht auf See und Inseln, folgt man den Wegzeichen ostwärts ins Tal hinab. Feigenkakteen, Öl- und Obstbäume, Weinreben und Laubbäume überziehen die Hügelflanken um die Häuser des Dörfleins **Roccaccia**. Ein Aussichtsrondell weist auf die »ustrini«, längliche Aushöhlungen im Kalkfels. Sie werden von einigen Forschern für Verbrennungsstätten gehalten, in denen Hannibal die Toten einäschern ließ. Westlich unterhalb des Wegs liegt in einem Zypressengrund die stattliche **»Villa Palazzo«**. Die kleine Hügelstadt **Tuoro** kommt südöstlich in den Blick.

Die silbrigen Stunden des Trasimenischen Sees sind seine schönsten – wenn sich der Dunst des Morgens hebt oder die abendliche Sonne auf dem Wasser glänzt.

Bei Tuoro entstand in den 80er Jahren der Skulpturenpark »Campo del Sole«, der »Sonnenpark«, mit Werken von Künstlern vieler Länder.

Wendet man sich vom Stadthügel wieder bergab, trifft man auf die »Colonna Romana«, eine Säule vom Forum in Rom, die 1961 anläßlich eines internationalen Kongresses der Hannibal-Forschung gestiftet und aufgestellt wurde. Vermutlich verlief in der frühen Neuzeit, als der See seine größte Ausdehnung hatte, die Uferlinie an dieser Stelle.
Hat man den Wagen am Ausgangspunkt geparkt, geht man die Staatsstraße 75 bis dorthin zurück (etwas mehr als 1 km).

Informationen zur Tour

Ausgangsort

Tuoro (309 m), mit romanischer Kirche San Salvatore. Ausgangspunkt: Staatsstraße 75 bis, ca. 1,2 km westlich der Kreuzung mit der Straße Tuoro – Landungsbrücke. Von Tuoro aus mit dem Wagen oder zu Fuß zu erreichen.

Anfahrt

Pkw: Von Perugia auf der Staatsstraße 75 bis ca. 35 km

Bus: Linie Perugia – Tuoro
Eisenbahn: Linie Terontola – Foligno

Zielpunkt und Rückfahrt
Rundwanderung

Einkehrmöglichkeiten
Volante Inn, Via Sette Martiri 52, 06069 Tuoro

Unterkunft
Mehrere Hotels in Tuoro, Camping am See; sehr angenehm auch für Familien ist die Agriturismo-Adresse La Dogana**/***, ca. 2 km südwestlich von Tuoro, Tel. 0 75/8 23 01 58, Fax 8 23 02 52 (auch mit Reitmöglichkeit).

Auskunft
Pro-Loco, Piazza del Municipio, Tuoro, Tel. 0 75/82 61 42, von Juni–Aug. auch an der Landungsbrücke

Karte
IGM, Blatt Tuoro, 122 IV SO

Weitere Sehenswürdigkeiten
»Campo del Sole« – ein Skulpturenpark am See, benachbart der Landungsbrücke und dem Strandbad. Die Säulen und Stelen wurden in den 80er Jahren von Künstlern aus aller Welt geschaffen.
Pieve di Confini heißt eine romanische Kirche, die 1165 erbaut wurde, damals wohl die schönste im weiten Umkreis, heute sehr verfallen (südlich vom Ausgangspunkt unseres Rundwegs).
An der Straße nach Passignano, dem östlichen Nachbarort, liegt die Kirche Madonna del'Oliveto, Passignano selbst hat eine reizvolle Altstadt.
Wer sich für Geschichte und Ökologie des Lago Trasimeno interessiert, ist im Museo della Pesca in San Feliciano richtig: Es bietet viel mehr als nur eine Fischerei-Ausstellung (sommers 10–12.30 und 17–19 Uhr, Okt.–März nur Di, Fr und Sa 9.30–12.30 und 14.30–16.30 Uhr)

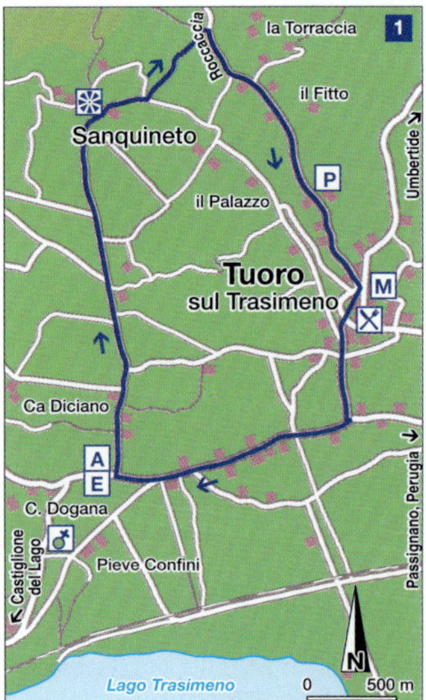

2 Eiland der Fischer und der Frommen

Tourenlänge
2 km

Durchschnittliche Gehzeit
1 Std.

Etappen
Landesteg – Kirche San Michele Arcangelo 0,8 km – Statue des hl. Franziskus 0,5 km – Landesteg 0,7 km

Steigung
60 m

Interessantes am Weg
Kirchen aus dem 12.–15. Jh., Gedenkstätten des hl. Franziskus, die verfallende Villa Guglielmi

Wegcharakter
Kleine Rundwanderung über das bewaldete Inselchen mit sehr schönen Ausblicken (Sonnenuntergänge!)

Wegmarkierung
Am Landesteg zeigt eine Tafel drei Rundwege

Die Isola Maggiore im Lago Trasimeno

Auf der Isola Maggiore fährt kein Auto. Das macht ihre Erkundung, bei der größere Anstrengungen nicht gefordert werden, noch genußreicher. Nach der kurzen Fahrt über den See und wenigen Schritten von der Anlegestelle steht man gleich auf der einzigen Wohnstraße der Insulaner, der *Via Guglielmi.* Männer flicken geruhsam ihre Fischernetze – der Lago Trasimeno ist einer der fischreichsten Seen Italiens –, Frauen häkeln an Tischdecken für gute Stuben. Nur noch wenige alte Fassaden sind vom Verfall bedroht, sichtlich bringen Ausflügler an den Sommerwochenenden einen Batzen Geld auf die Insel.
Nur ein halbes Hundert Menschen leben hier noch, der Gemeinde Tuoro zugehörig; im späten Mittelalter waren es mehr als zehnmal soviel. Damals gehörte die Isola Maggiore zum Kirchenstaat, seit 817 schon.
Wandern wir über die *Via Guglielmi* der südlichen Inselspitze zu, stehen wir nach kurzer Steigung vor dem verfallenden **Schloß des Marchese Giacinto Guglielmi**. 1887 erwarb er das verlassene Franziskanerkloster, restaurierte es samt der Kirche und baute ein pompös zinnenbekröntes »Castello«. Es wurde nach der Gattin des Marchese »Isabella« genannt und war für einige Jahrzehnte ein Treffpunkt der eleganten Welt – Gäste setzten per eigens angeschafftem

Raddampfer zur Insel über.
Nach dem Verkauf in den 60er Jahren wird es noch immer als »Villa Guglielmi« bezeichnet, ist aber jetzt leider eine Ruine, märchenhaft von hohem Parkgrün umwachsen.
Wieder nordwärts führt der Weg über die *Strada panoramica del mulino* durch lichte Olivenhaine zur Inselhöhe und zur ehrwürdigen **Kirche San Michele Arcangelo**. Der schlichte Bau aus dem 12. Jh. bewahrt spätmittelalterliche Fresken, vor allem die Evangelistenbilder in der Apsis und eine Grablegung Christi.
Ein kurzes Stück weiter nördlich erreicht man auf der Kammhöhe ein Grundmauerrund. Das Mauerwerk wird für den Rest einer im Jahr 1452 erbauten Getreidemühle gehalten.
Wer die Stätten des hl. Franziskus aufsuchen will, steigt ostwärts hinab zum Ufer. Am Wege erinnert eine Kapelle an den Aufenthalt des Heiligen zur Fastenzeit des Jahres 1211, eine andere steht an der Stelle, wo er die Insel zuerst betreten und eine Quelle geöffnet haben soll. Südlich davon wurde 1982 eine **Bronzestatue des Franziskus** aufgestellt.
Auf halber Höhe führt der *Sentiero dei Lecci* weiter zum Nordteil der Insel. 1972 wurde dort die kleine **Kirche San Salvatore** restauriert und wieder als Pfarrkirche eingesetzt. Seitlich über dem Portal zeigt die Fassade eine Büste Kaiser Barbarossas, im Innern ist ein kostbares Madonnenbild zu sehen, Teil eines gotischen Polyptychons.
Unterhalb von San Salvatore wird rasch der bescheidene Badestrand der Isola Maggiore erreicht. Gleich nebenan steht auch ein Hotel bereit; die Sonnenauf- und -untergänge zu beobachten, gehört zu den allerschönsten Inselerlebnissen.

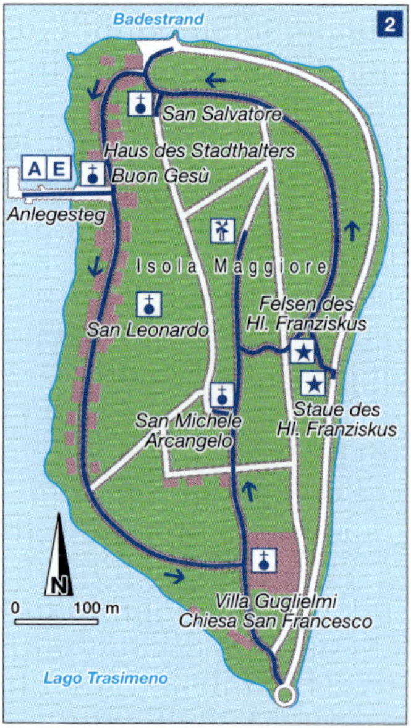

Informationen zur Tour

Ausgangsort
Landesteg Isola Maggiore, mit Info-Kiosk. Schiffsverbindungen von Tuoro und anderen Orten rund um den Lago Trasimeno

Anfahrt
Servizio Provinciale Navigazione Trasimeno. Sommerfahrplan von Anfang April bis Mitte September, danach eingeschränkt.
Tel. 075/827157

Zielpunkt und Rückfahrt
Rundwanderung

Einkehrmöglichkeiten
Viele Restaurants in den Orten um den See, vor allem in Castiglione del Lago (dort z. B. das Restaurant La Capannina**, mit guter einheimischer Küche, Via Lungolago 20/22, Tel. 075/953251) und in Passignano. – Auf der Isola Maggiore kann man gut Picknick machen!

Öffnungszeiten
Kirche San Michele Arcangelo: April–Juni sowie Sept. Sa und So 10–12 und 13–18.30 Uhr, Juli/Aug. tgl., sonst an der Anlegestelle fragen!

Unterkunft
Da Sauro**, Via Guglielmi 1,
Tel. 075/826168, Fax 825130

Auskunft
Am Landesteg

Karte
Im deutschsprachigen Führer »Isola Maggiore«, der am Landesteg angeboten wird

Sehenswertes in der Umgebung
In der Hügelstadt Castiglione del Lago, dem Hauptort am See, sind der Palazzo delle Corgna mit mythologischen Fresken aus der Zeit des Manierismus zu besichtigen und auch der noch ältere fünfeckige Festungsturm Rocca del Leone.
Auf der Isola Polvese gibt es eine Burgruine und einen naturkundlichen »Parco scientifico-didattico«

In der Saison verkehren die Schiffe zur Isola Maggiore häufig. Gute Schwimmer schaffen es von Tuoro ohne Schiff ...

3 Hoch über dem Lago Trasimeno

Tourenlänge
12 km

Durchschnittliche Gehzeit
4–4 1/2 Std.

Etappen
Paciano – Monte Petrarvella 2 km – Panicale 1,5 km – Madonna delle Grazie 1,5 km – Passo Buca del Calcinaro 4 km – Villa di Monte Solare 3 km

Steigung
500 m

Interessantes am Weg
Paciano, vor allem aber Panicale: reizvolle Ortsbilder und Kunstschätze; die Villa Monte Solare

Wegcharakter
Dichtbewaldetes Hügelland, um Panicale auch Güter mit Olivenhainen und Weinbergen. Schöne Ausblicke!

Wegmarkierung
Teilstrecke des Wanderwegs Nr. 6, der bis Sant'Arcangelo führt, die Markierung ist jedoch erneuerungsbedürftig

Von Paciano zur Villa Monte Solare

Paciano (415m) präsentiert sich wie ein Schmuckstück, ein Städtchen, dessen mittelalterliche Gestalt mit drei Toren und sechs Türmen bis ins Detail restauriert wurde. Alte Kunst zeigt die »Raccolta d'Arte San Giuseppe« (in der »Confraternita del SS. Sacramento«), aber man hebt sich diese Sammlung besser für ein andermal auf: damit in Panicale vielleicht um 11 Uhr noch eine Führung durchs Rokoko-Theater »Cesare Caporali» möglich ist! Paciano verläßt man in Südostrichtung auf der kleinen Straße nach Panicale, biegt aber noch im Ortsbereich rechts bergwärts ab. Von der Ortsgrenze führt ein Hohlweg steil in den Wald hinauf zu einem breiten Sandweg. Dort in scharfem Winkel nordöstlich zu den prächtigen hohen Kiefern und dem Fernblick am Gipfel des Monte Petrarvella (645 m)! Beim Abstieg in gleicher Richtung ist das mauerumringte Panicale schon in Sicht, einer der reizvollsten Orte um den Lago Trasimeno.

Der kostbarste Kunstschatz Panicales ist das Perugino-Gemälde »Martyrium des hl. Sebastian« in der Kirche des Heiligen. An der Piazza Umberto I. überdauert u. a. ein Palast aus dem 13. Jh. Eine architektonische Rarität ist das zierliche Teatro Cesare Caporali aus dem 18. Jh. (1858 modernisiert, die Besichtigung ist möglich).

Steil führt die Straße aus dem Ort hinab zum Wegkreuz Madonna delle Grazie und jenseits der Asphaltstraße weiter zwischen Ölbaum- und Weingütern auf die Waldhügel zu. Dort wird aus der Straße ein schmaler Weg, der wechselweise als Hohl- und als Panoramaweg angelegt ist. Bei den letzten Häusern (weite Aussicht!) weder steil hinauf- noch hinabgehen, sondern leicht rechts auf etwa gleicher Höhe weiter und dann abwärts durch schönen Laubwald zur Sechswegekreuzung Passo Buca del Calcinaro, mit kleiner Grotte!
Von hier an gibt es keine Scout-Probleme mehr, die Ausschilderung Nr. 6 bringt uns zwischen Tal und Berg über viele Wegkurven zur Villa di Monte Solare. Über Pferdeweiden und kleineren Gehöften thront dieser 1780 erbaute Herrensitz inmitten herrlicher alter Bäume. Jüngst bei-

Fern im Dunst der Lago Trasimeno, näher die Uferebene um Sant'Arcangelo: schöner Ausblick von den Höhen um den Monte Solare.

spielhaft renoviert, ist die Villa jetzt Feriendomizil für Gäste. Von der Dame des Hauses, einer deutschen Wahlitalienerin, kann man sich erzählen lassen, daß der benachbarte Monte Solare (598 m) schon vor mehr als 3000 Jahren ein Kultort war und heute archäologisches Schutzgelände ist. Das Wandern zwischen Brombeeren, Steineichen und Besenginster ist aber gestattet, über Waldwege und Brandschutzschneisen findet man zur Wegkreuzung Buca del Calcinaro und von dort nach Panicale zurück.

Informationen zur Tour

Ausgangsort
Südliches Stadttor von Paciano (392 m), Ort mit mehreren alten Kirchen; auch Sommerkurse (Keramik, moderne Malerei, Tanz)

Anfahrt
Pkw: Von Perugia über Tavernelle und Panicale, ca. 38 km
Bus: Linie Perugia – Chiusi Scalo, nur wenige Verbindungen

Zielpunkt und Rückfahrt
Villa di Monte Solare, zu Fuß zurück nach Panicale oder Paciano

Einkehrmöglichkeiten
In Panicale u. a. Restaurant »Le Grotte di Boldrino«** an der Piazza Regina Margarita (Via V. Ceppar, 43, Tel. 0 75/83 71 61, auch Hotel), mit Speisen aus naturnahem Anbau. Bar mit kleinem Imbiß am Hauptplatz. Restaurants auch in Paciano.

Öffnungszeiten
In Paciano: »Raccolta d'Arte San Giuseppe« (in der »Confraternità

del SS. Sacramento«) Juli–Sept. tgl. 10–13 Uhr. In Panicale: Teatro Cesare Caporali aus dem 18. Jh. (Besichtigung im Sommer vor- und nachmittags etwa stündlich, im Tourismusamt fragen!)

Unterkunft

Villa di Monte Solare**/***, Loc. Colle San Paolo-Tavernelle di Panicale, Tel. 075/8355818 und 832376, Fax 8355462, Postanschrift 06070 Fontignano (PG), Tennis, zwei Swimmingpools, Haflinger. Mehrere Hotels in Panicale.

Camping: Unter den Campingplätzen am Lago Trasimeno ist das Villaggio Italgest einer der nächsten und bestausgestatteten (Via Martiri di Cefalonia, Loc. Sant'Arcangelo, Tel. 075/848238, Fax 848085)

Auskunft

Ufficio Informazioni Turistiche, am Hauptplatz, Via Vannucci, 1, 06064 Panicale, Tel. 075/837581 und 837138. In Paciano: Piazza della Repubblica, 4, 060560 Paciano, Tel. 075/830186.

Azienda di Promozione Turistica del Trasimeno, Piazza Mancini, 10, 06061 Castiglione del Lago, Tel. 075/9652484, Fax 9652763

Karte

IGM, Blatt Paciano, 122 III SO, und Blatt Panicale, 122 III SE

Sehenswertes in der Umgebung

Castiglione del Lago: siehe Tour 2.

Auch zu Fuß ist Mongiovino zu erreichen, mit seinem »Santuario«, einer Wallfahrtskirche, die nach einer Marienerscheinung erbaut wurde, mit mächtiger, reich ausgemalter Renaissancekuppel. Nach dem Schlüssel fragen!

Mittelalter pur: an der Piazza del Municipio in der Hügelstadt Panicale, berühmt für ihr Perugino-Gemälde.

4 Im lieblichen Westen Umbriens

Tourenlänge
22 km

Durchschnittliche Gehzeit
6–7 Std.

Etappen
Città della Pieve – Ponticelli 3 km – Salci 7 km – Città della Pieve 12 km

Steigung
300 m

Interessantes am Weg
Kostbare Architektur und Kunst in Città della Pieve, das Schloßareal Salci

Wegcharakter
Genußwanderung ohne anstrengende Steigungen, meist auf wenig befahrenen weißen Straßen

Wegmarkierung
Nr. 12, aber nicht durchgängig

Von Città della Pieve zum Schloß Salci

Ein Dreiländereck und eine Hauptschlagader: Bei **Città della Pieve** berührt Umbriens Grenze die Toscana und Latium, und in der Talebene zu Füßen des Stadthügels verlaufen die wichtigsten Verkehrswege Italiens, die Direttissima-Bahnlinie Florenz – Rom und die Autostrada del Sole.
Überraschend genug: Man kann die Chiana Romana – das Tal der Chiana, italienisch Valdichiana – in aller Stille durchwandern. Südlich von Città della Pieve lockt ein Ziel auf der anderen Talseite: die Burg von Salci. Von Città della Pieve steigt man in langen Straßenkurven durch lichten Laubwald ab. Nach 20 Minuten schon erreicht man die **Kirche Santa Maria degli Angeli**, einen gotischen Ziegelbau der Franziskaner aus dem 14. Jh. mit sienesischen und orvietanischen Fresken (leider ist das Portal meist versperrt). Wieder eine halbe Stunde später hat man an Olivenhainen, Tuffsteinwänden, Sonnenblumenfeldern und dem Dorf **Ponticelli** vorbei die Bahnstrecke erreicht. Der Weg wendet sich nach links, unterquert zweimal die Bahngleise. So breit ist das Tal, daß man ungestört vom Schienen- und Straßenverkehr das Landschaftspanorama erlebt. In der Ferne rückt Salci in den Blick. Nach einer weiteren halben Stunde hat man die Schienen und die Autobahn hinter sich gelassen.
Zum **Burghügel von Salci** geht's wie durch eine Dürer-Landschaft

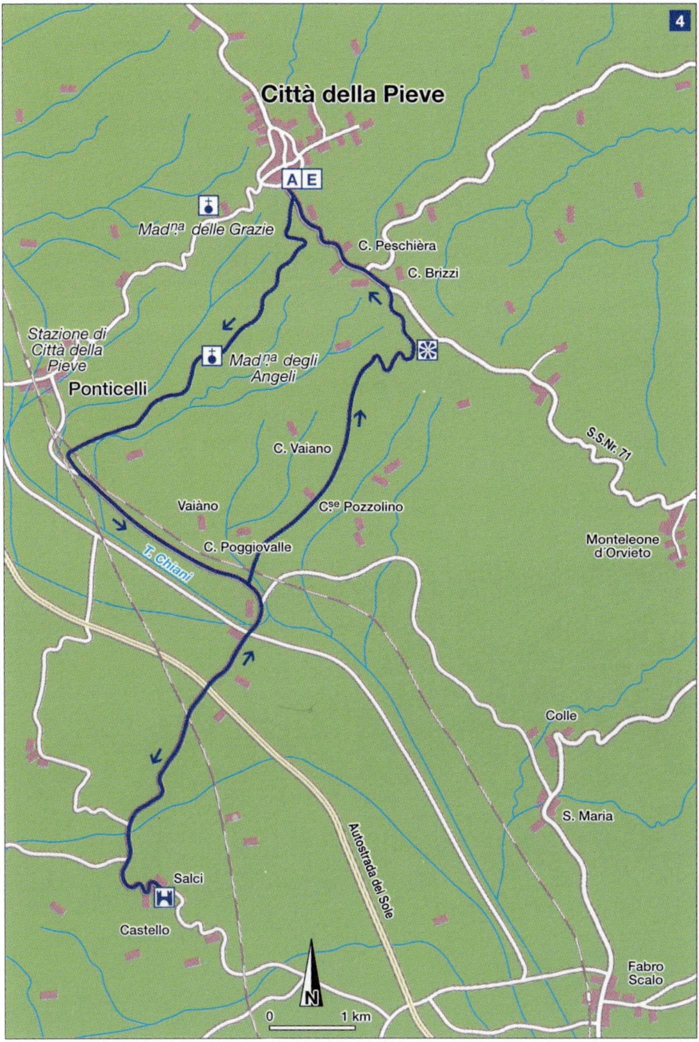
4
Città della Pieve
A E
Mad.na delle Grazie
C. Peschièra
C. Brizzi
Stazione di Città della Pieve
Ponticelli
Mad.na degli Angeli
C. Vaiano
S.S.Nr. 71
Vaiàno
C.se Pozzolino
C. Poggiovalle
T. Chiani
Monteleone d'Orvieto
Colle
S. Maria
Salci
Castello
Autostrada del Sole
N
0
1 km
Fabro Scalo

aus Wiesen und Baumreihen hinauf. Platanen und Zypressen umschatten die Ruinenromantik, die Tore und Zinnen auf dem Burghügel. Die Restaurierung des mittelalterlichen Borgo wurde 1990 mit einem Preis der Europäischen Gemeinschaft ausgezeichnet (als eines von nur drei italienischen Projekten), ist aber noch nicht abgeschlossen. Die Baustelle ruhte 1996 im Dornröschenschlummer, samt einer Gedächtnistafel für Achille Piazzai (1884–1955), den Konstrukteur »der schnellsten Schiffe in der ersten Hälfte des 20. Jahrhunderts«, der hier geboren wurde. Verlockend, weiter nach Süden zu wandern, nach Fabro zum Beispiel! Aber auch der Rückweg nach Città della Pieve ist reizvoll. Von Salci geht man anfangs den gleichen Weg zurück, weicht aber jenseits der Staatsstraße von der parallel zum Bahnkörper verlaufenden Straße ab, geht in Richtung Norden durch eine Bahnunterführung und steigt in das Hügelland auf, rechter Hand an einem riesigen Steinbruch vorbei. Die Beschilderung in den Olivenhainen läßt zu wünschen übrig, doch wird

Mit Türmen und Zinnen ragt das Ziel der Wanderung über dem Talgrund auf: die Burg von Salci. Derzeit läuft ein ehrgeiziges Restaurierungsprojekt.

man in nördlicher Richtung (mit Kehren nach Osten) unfehlbar die Staatsstraße Nr. 71 erreichen und auf ihr wieder in Città della Pieve ankommen.

Informationen zur Tour

Ausgangsort
Città della Pieve, ein Siedlungszentrum seit Etruskerzeiten, Geburtsort Pietro Vannuccis, genannt il Perugino, des größten umbrischen Malers. Ausgangspunkt: südlich der Kirche Santa Maria dei Servi an der Stadtausfahrt zur A1

Anfahrt
Ca. 45 km von Perugia. Nahe der Autobahn A1 »Strada del Sole«, Ausfahrt Chiusi oder Fabro

Zielpunkt und Rückfahrt
Schloß Salci, Rundwanderung

Einkehrmöglichkeiten
Nur in Città della Pieve, z. B. die beliebte Trattoria Da Bruno**, Via Pietro Vannucci, 90, Tel. 0578/298108

Unterkunft
Azienda agrituristica »Madonna delle Grazie«**, Madonna delle Grazie 6, 06062 Città della Pieve (PG), Tel./Fax 0578/299822 (biologischer Anbau). Mehrere Hotels in Città della Pieve. Wer nach Fabro weiterwandern mag, findet dort das komfortable neue Hotel und Restaurant »Il Focolare«**, Via della Stazione, 53–57, 05015 Fabro (TR), Tel. und Fax 0763/82482 und 82483

Auskunft
Ufficio Informazioni Turistiche, Piazza Matteotti, 4, 06062 Città della Pieve, Tel. 0578/298031

Karte
IGM, Blatt Città della Pieve, 130 IV NO, und Blatt Ficulle, 130 IV SO

Weitere Sehenswürdigkeiten
Città della Pieve steht im Schatten der noch berühmteren umbrischen Kunststädte, lohnt aber einen mindestens eintägigen Besuch. Im Oratorio Santa Maria dei Bianchi in der Via Pietro Vannucci ist Peruginos feierliches Fresko »Anbetung der Könige« zu bewundern (10.30–12.30 und 15.30–19 Uhr). Die wichtigsten Architekturdenkmale: der Dom (im Kern 12. Jh.), dicht dabei das Geburtshaus Peruginos an der Piazza del Plebiscito, viele Stadtpaläste und unter ihnen vor allem der Palazzo della Corgna (nordwestlich vom Dom) mit seinen musealen Sammlungen und dem malerischen Schmuck seiner Säle. Im Norden des Stadthügels trifft man auf eine der schmalsten Gassen Italiens: die Via Baciadonne (= Küß die Frauen)

5 Der Weiße Turm in umbrischer Einsamkeit

Tourenlänge
12 km

Durchschnittliche Gehzeit
4 1/2 Std.

Etappen
Pornello – La Torraccia 1,5 Std. – Casella 1 Std. – Pornello 2 Std.

Steigung
200 m

Interessantes am Weg
Das Architekturdenkmal La Torraccia, ein mittelalterlicher Wehrturm. Alte Bauerngehöfte, teils verfallen

Wegcharakter
Sanft gewellte Wald- und Wiesenlandschaft des Montarale mit klaren Bächen, schönen Ausblicken und meist verlassenen Gehöften. Umbrien abseits vom Tourismus – stellenweise nur Pfade und nicht immer leicht zu finden

Wegmarkierung
Nur vereinzelt

Von Pornello nach La Torraccia

Vom Dorf **Pornello** gehen wir die Fahrstraße nördlich talwärts, biegen nach etwa 150 m rechts in einen steinigen Karrenweg ein und folgen ihm – an der ersten Gabelung links halten! – in Kehren zum Talgrund. Zwischen Kuhweiden und Hecken erreicht man das Flüßchen Fersinone.
Der Weg quert es über Steine an einer flachen Stelle, begleitet es dann am linken Ufer, gesäumt von Weiden, Eichen und Brombeerdickicht.
Nach knapp anderthalb Kilometern von der Furt, kurz bevor der Weg über einen Weidegrund führt, zweigt ein unauffälliger Pfad rechts zu einem Steg aus rohen Baumstämmen ab.
Jetzt östlich aus dem Wald hinaus, über eine Ackerfläche und wieder zum ansteigenden Wald! Dort beginnt eine Waldstraße (Viehzauntor beiseiteschieben und dann wieder schließen). In einer Kehre steigt die Waldstraße zum Grasland an, ein weiter Horizont öffnet sich zu herrlichem Rundblick. Der **Hof Pofao** ist eine Ruine, bei ihm wird eine breitere weiße Straße erreicht.
Scout-Qualitäten sind gefragt: Nach etwa 200 m geht es rechts in den lichten Buschwald, auf einem Hirtenpfad etwa 300 m weiter zum mittelalterlichen **Turm »Torraccia«**. Fast weiß leuchtet das mit dünnen Mörtelschichten exakt gefugte Mauer-

werk durch das Waldgrün. Steinräuber haben das Architekturdenkmal beschädigt. Der Turm diente als Kontrollstation, in diesen heute menschenleeren Waldtälern verliefen einst wichtige Verbindungswege.
Wieder zurück an der Straße folgt man ihr nordwärts, quert nochmals ohne Brücke das Fersinone-Flüßchen und steigt durch schönsten Laubwald zur offenen Hochfläche an. Die Torraccia hebt sich südöstlich über die Baumwipfel. Beim verlassenen Gehöft Casella biegt man am Waldrand scharf links auf einen

Mehr ein Bach als ein Fluß, eher ein Steg als ein Brücklein: am Fersinone im Waldtal bei Pornello.

Sandweg, der sich bald in mehreren Kehren talwärts senkt und schließlich die Stelle erreicht, wo wir zuvor zum Baumsteg abgebogen sind.
Botanisch Kundige machen in dieser stillen Landschaft eine Fülle von Entdeckungen.

Informationen zur Tour

Ausgangsort
Pornello, Bergdorf im westlichen Umbrien (Comune di Montegabbione)

Anfahrt
Pornello ist etwa gleich weit von Città della Pieve und Orvieto entfernt (je rund 35 km). Von Norden am besten über Piegaro erreichbar. Parken an der Straße in Pornello

Zielpunkt und Rückfahrt
Turm Torraccia, Rundwanderung

Einkehrmöglichkeiten
In Pornello nur ein kleiner Laden. In Montegiove kleines Restaurant unterhalb der Burg, in Piegaro die freundliche Trattoria und Birreria Peperocino

Unterkunft
In Piegaro Hotel Da Elio*, Via Pievaiola 81, Loc. Osteria, Tel. 075/8 35 80 17, Fax 8 35 80 05. Größeres Angebot in Città della Pieve und vielfältig in Orvieto

Von Geheimnis und Waldgrün umwachsen ragt die »Torraccia« aus der einsamen Landschaft östlich vom Chiana-Tal.

Auskunft

COSMO (Comitato per la salvaguardia e la valorizzazione delle valli del Montarale) ist eine Initiative junger Heimatfreunde, in Zusammenarbeit mit der Comune di Montegabbione. COSMO veranstaltet interessante Exkursionen im Umkreis von Montegabbione (kleiner Mitglieds- und Unkostenbeitrag), Kontakt Riccardo Testa und Alessandro Caciotto, Montegiove, Tel. 0763/87567

Karte

IGM, Blatt Parrano, 130 IV SE, und Blatt S. Venanzo, 130 I SO

Sehenswertes in der Umgebung

Kirche Madonna del Piano mit Fresken aus dem 16. Jh., am Hang unterhalb von Pornello. Im weiteren Umkreis viele außerordentliche prähistorische und historische Zeugnisse, z. B. bronzezeitliche Befestigungsanlagen nördlich von Montegiove und die Burg von Montegiove. Beim Franziskanerkonvent von Scarzuola (13. Jh.), südlich von Montegiove, gut 2 km südlich von Montefiove, erbaute der Architekt Tommaso Buzzi seit den 50er Jahren das Modell einer »idealen Stadt«, abseits aller vertrauten Vorstellungen von Architektur

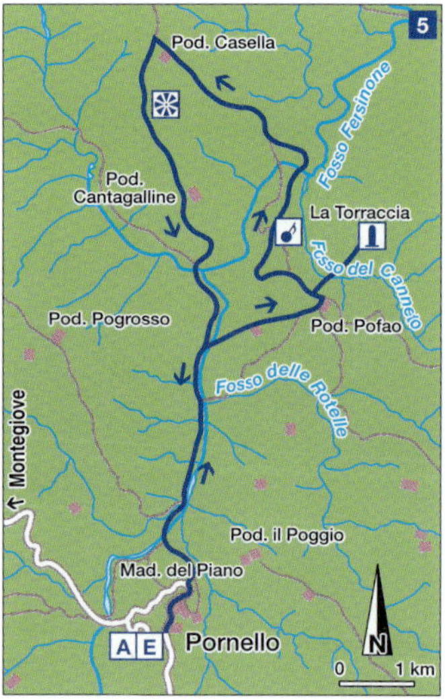

6 Im Park- und Weingelände südlich von Orvieto

Tourenlänge
11 km

Durchschnittliche Gehzeit
4–4 1/2 Std.

Etappen
Orvieto, südlicher Stadtrand – Convento dei Cappuccini 3 km – Hescanas-Grab 2 km – Porano 1,5 km – Orvieto 5 km

Steigung
400 m

Interessantes am Weg
Kapuzinerkloster , Etruskergrab Hescanas, historische Villen, das mittelalterliche Porano

Wegcharakter
Abwechslungsreiche Rundwanderung mit zwei steileren Abschnitten, meist auf weißen Straßen, teilweise auch auf asphaltierten

Wegmarkierung
Nr.6, aber nur vereinzelt bezeichnet

Vom Stadtfelsen Orvietos nach Porano

An einem heißen Tag wächst rasch die Versuchung, sich den Fußweg hinauf zum Kapuzinerkonvent zu sparen und mit dem Wagen bei den Patres vorzufahren. Doch der Anstieg lohnt die Mühe mit schönsten Ausblicken auf den Tuffsteinhügel von Orvieto und das grüne Umland. Man kann die Klosterkirche und ihre lebensgroßen Heiligenfiguren besichtigen. Der weißhaarige Padre Chitti begrüßt Gäste zuweilen mit einem kleinen Kaffee, spricht noch deutsch (er mußte zur Zeit der Hitler-Mussolini-Achse den Rußlandfeldzug mitmachen) und weist den hier unmarkierten Weg nach Porano: geradlinig bergan durch den Klostergarten und an einer Mariengrotte vorbei links hinauf zur Waldstraße.

Die Erosion des Tuffsteins im Hohlweg hat den Wurzelgrund der Bäume ausgehöhlt und faszinierende Naturformen geschaffen. Gepflegte Landhäuser inmitten ihrer Parks (Casa Sette Camini und Villa Il Bottino) halten die Wanderer mit hohen Gittern auf Distanz, seit Jahrhunderten schon. Dagegen kann man nach Durchquerung eines idyllischen Wiesentals ohne Absperrung die als Hescana-Grab bekannte düstere etruskische Tuffsteinhöhle auf der westlichen Seite der Straße nach Porano erklettern.

Für die nächste halbe Stunde gibt es keine empfehlenswerte Alternative zur Asphaltstraße. Das

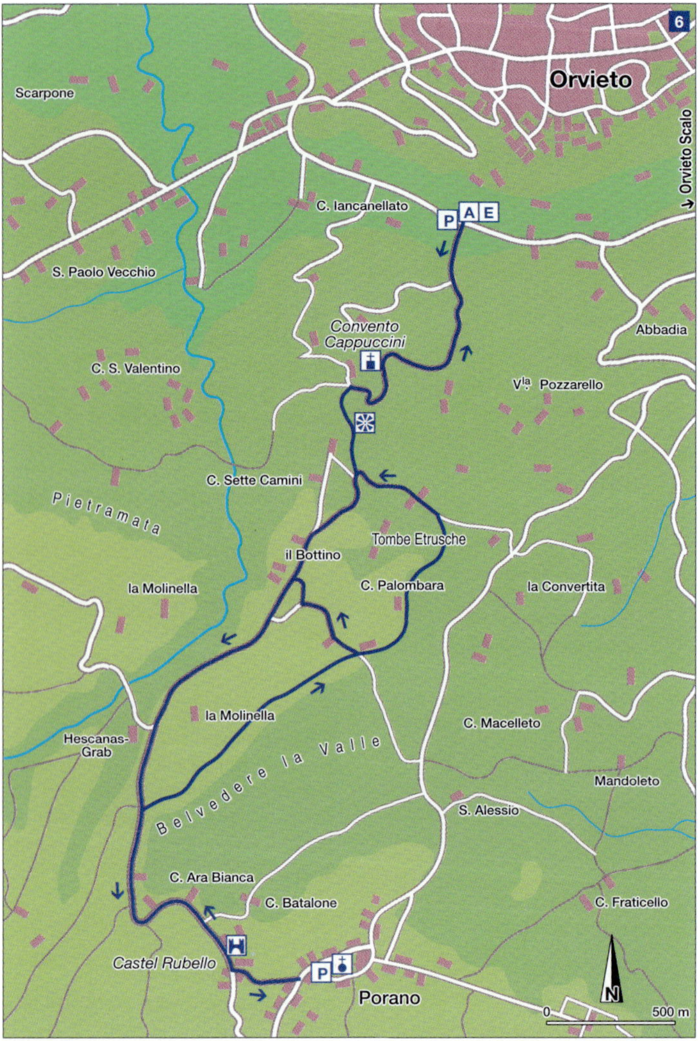
6
Orvieto
Orvieto Scalo
Scarpone
C. Iancanellato
P
A
E
S. Paolo Vecchio
Convento Cappuccini
Abbadia
C. S. Valentino
Vla Pozzarello
C. Sette Camini
Pietramata
Tombe Etrusche
il Bottino
la Molinella
C. Palombara
la Convertita
la Molinella
C. Macelleto
Hescanas-Grab
Belvedere la Valle
Mandoleto
S. Alessio
C. Ara Bianca
C. Batalone
C. Fraticello
Castel Rubello
Porano
N
0
500 m

pittoreske Castel Rubello links der Straße ist nicht zugänglich, aber die gleich danach links abzweigende Straße verkürzt den Weg zum Städtchen Porano. Dort lockt eine Aussichtsterrasse auf einem Tuffsteinsporn außerhalb der eindrucksvoll urtümlichen Stadtmauer; in enge Gassen kann man hinabsteigen und findet auch Gelegenheit zur Stärkung. Auf dem Rückweg zweigt an bezeichneter Stelle noch vor dem Hescanas-Grab ein Wiesenweg ab, der sich noch vor der Villa Il Bottino wieder mit der Waldstraße vereint, die wir gekommen sind. Auch ein größerer Bogen zurück zum Kapuzinerkloster ist möglich, und mit Glück spürt man noch mehr etruskische Gräber auf.

Noch in Blickweite von Orvieto, doch jenseits des Talgrunds: beim Kapuzinerkonvent am Weg nach Porano.

Informationen zur Tour

Ausgangsort

Orvieto, auf seinem bis zu 200 m über dem Tal aufragenden Tuffsteinfelsen, ist eine der schönsten Städte Italiens. Ausgangspunkt: südlich der Stadt an der Provinzstraße Nr. 42 bei der Abzweigung an der großen Fiat-Werkstatt. Orientierung: etwa 1 km nordwestlich der ehemaligen Abtei Santi Severo e Martino (heute Luxushotel). Der Abstieg vom Stadtfelsen ist wegen des Verkehrs unangenehm, besser einen Wagen nehmen!

Anfahrt

Pkw: Autobahn A1, Abfahrt Orvieto
Bus: zahlreiche Verbindungen, Bus-Terminal am Bahnhof
Eisenbahn: Bahnhof im Tal in Orvieto Scalo, ganztägig Funicolare – Verbindung mit der Oberstadt

Zielpunkt und Rückfahrt

Porano, Rundwanderung

Einkehrmöglichkeiten

Zwischen Orvieto und Porano nicht, in Porano kleine Restaurants

Unterkunft

Große Auswahl in Orvieto, z. B. Albergo Duomo*, unter neuer Leitung, Tel. 0763/34 18 87; Grand Hotel Reale**, Tel. und Fax 0763/34 12 47; Maitani***, Tel. 0763/34 20 11, Fax 34 20 12

Auskunft

Azienda Promozione Turistica dell'Orvietano, Piazza del Duomo, 24, Tel. 0763/34 17 72

Karte

IGM, Blatt Orvieto, 130 III SE

Sehenswertes in der Umgebung

In Orvieto selbst, der einstigen Etruskerstadt, sind Umbriens interessanteste Etrusker-Nekropolen und im jüngst wiedereröffneten Museo Claudio Faina wichtige Ausgrabungsfunde zu sehen (April–Sept. 10–13 und 15–19 Uhr, sonst 10–13 und 14.30–17 Uhr). Für den Orvieto-Rundgang mit dem kostbaren Dom, Plätzen und Palästen und weiteren Museen braucht man mindestens einen Tag.
Eine Reise in das unterirdische Orvieto (Viaggio nella Città Sotteranea) organisiert das Team Speleotecnica (tgl. 11 und 16 Uhr, Tel. 0763/30 10 91, Treffpunkt APT gegenüber dem Dom).
Für Weinfreunde: Ein Weingut mit alter Tradition ist die Tenuta Le Vellette, östlich von Porano beim Dorf Botto; der Winzer, Dr. Corrado Bottai, spricht deutsch
(Tel. 0763/32 90 90 und 2 91 44, Fax 32 91 14)

Die Erschaffung Evas, gesehen am Dom von Orvieto. Der Schöpfer der hervorragend erhaltenen Reliefs war Lorenzo Maitani (um 1310–1330).

7 Zum See der Etrusker

Tourenlänge
15,5 km

Durchschnittliche Gehzeit
5 1/2 Std.

Etappen
Orvieto – Sugano 4,5 km – Canonica 1,5 km – Osteria di Biagio 4 km – Bolsena 5,5 km

Steigung
300 m

Interessantes am Weg
Bei Bolsena vorgeschichtliche und etruskische Ausgrabungen und in der Altstadt die Basilika der hl. Cristina (frühchristliche Märtyrerin) mit Katakomben und Cappella del Miracolo

Wegcharakter
Teils auf weißen Straßen, teils auf Waldpfaden, im Schlußteil auch auf Asphaltstraßen über weiträumiges Hügelland. Bademöglichkeit. Rückfahrt mit Bus

Wegmarkierung
Nur vereinzelt

Von Orvieto zum Bolsena-See

Noch heute feiern die Orvietaner das Bolsena-Wunder des Jahres 1263. Es begab sich nach der Überlieferung in der Kirche Santa Cristina in Bolsena: Ein Priester aus Böhmen, der an der Wandlung von Brot und Wein in Fleisch und Blut Christi zweifelte, sah beim Meßopfer Blut aus der Hostie tropfen. Das blutbefleckte Leintuch wird seither im Domschatz von Orvieto bewahrt. Papst Urban IV. stiftete daraufhin für die ganze katholische Christenheit das Fronleichnamsfest.
Vom **Stadtfelsen Orvietos** wandert man zum Bolsena-See und zu seinen teils vorgeschichtlichen, teils etruskischen Fundstätten streckenweise auf dem gleichen Weg, den alljährlich die nächtliche Fronleichnamsprozession in Gegenrichtung von Bolsena zum Orvieto-Dom nimmt. Die ländliche, noch ursprüngliche bewahrte Schönheit dieses umbrischen Hügellands erfreut das Herz freilich auch ohne allen Wunderglauben.
Schon der Anstieg von dem kleinen Ort **Gabeletta** pfeilgrad hinauf zum Dorf **Tamburino** ist reizvoll, wegen der alten Häuser, der hohen Hecken und nicht zuletzt, weil der Autoverkehr rasch zur modernen Serpentinenstraße (Nr. 71) abzweigt. Neben und unter dem Asphalt kommt sehr altes Kopfsteinpflaster zum Vorschein, dann der Erdweg. Nach einer halben Stunde quert man die Staatsstraße, findet sich in einem Hohlweg in grüner Stille. Wieder eine Wundererzählung: Im Tuffstein habe sich der Fron-

An der Piazza Matteotti in Bolsena, das einst ein Hauptort der Etrusker war – die Funde der Archäologen in der Rocca lohnen eine lange Wanderung!

leichnamsprozession plötzlich der gut gangbare Weg geöffnet. Wer mag, macht nach der ersten Wanderstunde eine erste Rast in **Suganos** altem Ortszentrum. Die kurze Straßenstrecke zum südlichen Nachbarort Canonica führt an Gärten und neuen Siedlungshäusern vorbei. In **Canonica** aufgepaßt: Keiner der asphaltierten Straßen folgen, sondern das Flüßchen Ruscello queren und auf weißer Straße an mehreren Gehöften vorbei südwestlich gehen! Auf dem **Pian di Palazzo** setzen prächtige Einzelbäume ihre Zeichen in die einsame Felderweite.

Eine halbe Stunde nach Canonica trifft man wieder auf die Staatsstraße Nr. 71 Orvieto – Viterbo, kurz vor dem modern ausgebauten Straßendreieck, das die Straße Nr. 74 von Siena mit der Nr. 71 bildet. Zwei Möglichkeiten: An der Westecke dieses Straßendreiecks den Wanderweg auffinden, der südwestlich Richtung Bolsena abzweigt, oder der Straße 71 knapp 2 km südlich folgen und dann weiter auf der kleineren Straße nach Bolsena wandern (ausgeschildert). Die erste Alternative ist autofrei (bis auch dieser Weg nach etwa 3 km wieder auf die Straße trifft), die zweite macht keine Suchprobleme, zudem lädt an der Straße die Osteria di Biagio zu einer Rast im Grünen.

Von der kurvenreichen Straße hinab nach Bolsena – hier ist man nicht mehr in Umbrien, sondern in Latium! – führt ein schmaler Abzweig links weit angenehmer und deutlich kürzer zum Ortszentrum. Bolsena lohnt mindestens eine Übernachtung: Kirchen, Museum, Ausgrabungsstätten – und schöne Badeplätze! Reste von eisenzeitlichen Pfahlbauten wurden unter dem heute höher liegenden Wasserspiegel des 115 qkm großen Sees entdeckt. Das heutige Bolsena entstand aus dem antiken Volsinii, einer der reichsten Städte der Etrusker.

Informationen zur Tour

Start

Ausgangsort

Orvieto, von der Porta della Via della Cava am westlichen Stadtrand links steil hinab zum Ortsteil Gabeletta. Markierung 4f

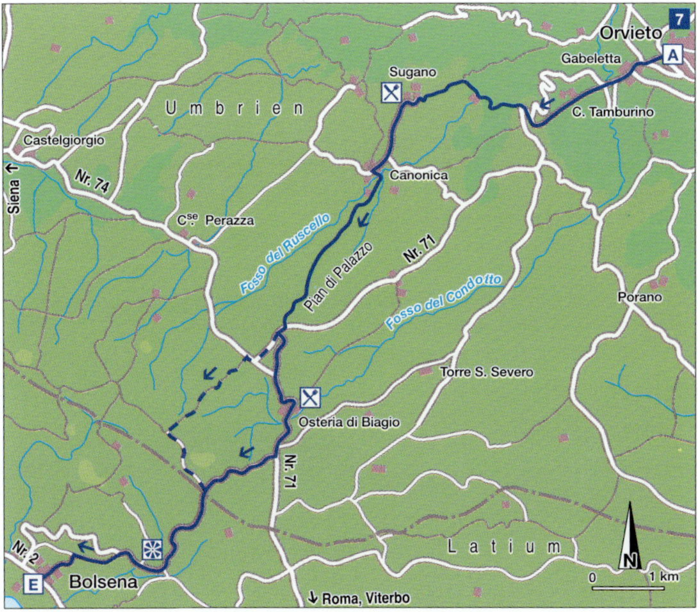

Anfahrt
Parken am Fuß des Orvieto-Hügels in Gabeletta, an der Staatsstraße 71 Arezzo – Montefiascone

Zielpunkt und Rückfahrt
Bolsena am Bolsena-See. Bus von Bolsena, Piazza Matteotti, nach Orvieto Scalo um 17 Uhr (ca. 5 DM), von dort Funicolare (Bergbahn) hinauf nach Orvieto alle 15 Min. (Ticket gilt auch für Stadtbus)

Einkehrmöglichkeiten
Im Städtchen Sugano und in der Osteria di Biagio (mit Garten, Tel. 0763/2 86 28, Mi. geschlossen)

Öffnungszeiten
Basilica di Santa Cristina tgl. 7–12.30 und 16–20 Uhr, Katakomben tgl. 9–12 und 16–18 Uhr (beides sommers). Museo Territoriale del Lago di Bolsena, in der Rocca Monaldeschi della Cervara, oberhalb der Altstadt von Bolsena, Tel. 0761/79 86 30

Unterkunft
Hotels, Pensionen, Ferienwohnungen am Bolsena-See

Auskunft
Ufficio Informazioni Turistiche Bolsena (Ascotur), Piazza Matteotti, Tel. 0761/79 99 23. Auskunft in Orvieto: siehe Tour 6

Karte
IGM, Blätter Orvieto, 130 III SE, Castelgiorgio 130 III SO und Bolsena, 137 IV NO

Sehenswertes in der Umgebung
5 km südlich von Bolsena in Richtung Montefiascone, bei Kilometerstein 108: Zugang zum Parco di Turona, einem archäologischen Naturpark zwischen zwei kleinen Flußläufen. Ein Ringweg von einer Kapelle aus führt u.a. zu einer etruskischen Ausgrabung (8.– 6. Jh. v. Chr.).

In Felder- und Wälderstille nahe der Westgrenze Umbriens liegen vereinzelt Gehöfte und manchmal noch ein altes Burggemäuer.

8 Wo der Tiberfluß Corbara heißt

Tourenlänge
12 km

Durchschnittliche Gehzeit
4 Std.

Etappen
Titignano – Fosso dei Cipressi 4 km – La Roccaccia 4 km – Titignano 4 km

Steigung
300 m

Interessantes am Weg
Der Borgo di Titignano mit Schloß und Kirche; die Burgruine La Roccaccia

Wegcharakter
Hügelland über dem tiefeingeschnittenen Tibertal, mit Olivengärten und Wald und großartigen Ausblicken auf den Lago di Corbara

Wegmarkierung
Nicht durchgängig

Vom Castello Titignano nach Roccaccia

Dies ist ein paradiesisches Stück Umbrien: Zwischen dem wie auf einem Aussichtsbalkon aufragenden Schloß der Fürsten Corsini in der Höhe und dem zum Lago di Corbara aufgestauten Tiber in der Tiefe breitet sich eine praktisch autofreie Landschaft der Olivenhaine, Zypressen und dichten Laubwaldungen aus. Das Schloß, schön restauriert, wird als Hotel betrieben und bietet den Gästen einen großen Swimmingpool auf seiner Panorama-Terrasse. Der Fernblick reicht bis zum Stadthügel von Todi, drunten glänzt der See inmitten seiner bewaldeten Ufer.
Unterhalb von Schloß und Swimmingpool geht man die Allee hinab und wendet sich nach etwa 100 m nach rechts (nicht dem Schild »La Roccaccia« folgen!). Auf weißer Straße kommt man an mehreren schön umwachsenen Gehöften vorbei – eines scheint von lauter Katzen bewohnt zu sein –, immer wieder mit schönsten Ausblicken auch zum See. Links hinunter auf der Straße, die noch Kopfsteinpflaster hat, und wieder links, unter großer Eiche hindurch und dann durch ein Tor mit Drahtgitter (öffnen und wieder schließen!)
Etwa eine Dreiviertelstunde nach dem Aufbruch sieht man nördlich auf der Höhe Titignano, kommt dann an einem verlasse-

nen Haus vorbei. Brombeeren und Gras überwachsen das alte Steinpflaster. Wieder 20 Min. nach dem Drahttor zeigen *drei Pfeile* den Weg (nicht abwärts in Richtung See gehen, der Weg führt nicht bis ans Ufer).
Durch ein Tal voller dunkler Zypressen über einem kühlen Bachgrund erreicht man einen felsigen Platz, und der Weg scheint sich zu verlieren. Dort geht man nicht geradezu, sondern folgt einem *gelben Zeichen* erst in süd-, dann in nordöstlicher Richtung in den Wald hinein. Fjordartig erstreckt sich der Tiber rechter Hand im Tal, vom gegenüberliegenden Ufer tönen Verkehrsgeräusche.
Auf dem schattigen Waldpfad, weiter den gelben (nicht den roten!) Zeichen folgend, erreicht man wieder die Höhe und dort niedrigen Wald. Östlich halten, auf die Wegzeichen achten: an

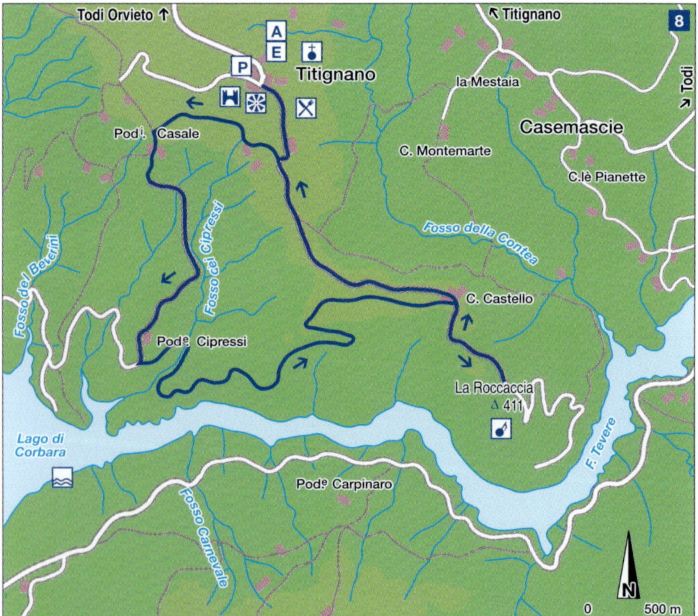

Sonntagmorgenruhe im Borgo von Titignano mit der romanischen Kirche, die in den 30er Jahren restauriert wurde. Der Borgo ist Ausgangspunkt der Wanderung zum Lago di Corbara und zur Burgruine Roccaccia.

einem sommers austrocknenden Tümpel vorbei in offenes Gelände mit großem Rundblick! Ein verlassenes großes Gehöft mit einem Brunnen davor kann ein schöner Picknickplatz sein, vielleicht geht man aber die weiße Straße noch 10 Min. südöstlich zur Burgruine La Roccaccia über dem Waldgrün – ein Platz zum Schauen und Träumen. Der Rückweg nach Titignano folgt der Ausschilderung auf der weißen Straße, immer durch schöne Landschaft mit Fernblicken.

Informationen zur Tour

Ausgangsort

Titignano

Anfahrt

Pkw: Von Todi auf der Straße »79 bis« Prodo – Orvieto etwa 15 km bis zur Abfahrt nach Titignano, nochmals 3 km bis zum Borgo Titignano. Von Orvieto auf derselben Straße etwas längere Anfahrt
Bus: Nur bis zum Abzweig von der Straße 79 bis

Fast fjordartig steigen die bewaldeten Hänge über dem Tal des Tibers auf, der hier zum Lago di Corbara aufgestaut wird. Nur über dem südlichen Ufer führt eine Autostraße entlang.

Zielpunkt und Rückfahrt

Burgruine La Roccaccia, Rundwanderung

Einkehrmöglichkeiten

Fattoria di Titignano*, Schloß im Besitz der Fürsten Corsini, Loc. Titignano-Prodo (TR), Tel. 0763/30 83 22 (Restaurant und/oder Übernachtung rechtzeitig reservieren!)

Unterkunft

Außer dem Schloß Titignano (s. o.) gute Hotels und Pensionen in Todi. Ein Tip: Agriturismo Castello di Porchiano*/**, Loc. Porchiano, 06059 Todi (PG), Tel. 0 75/88 31 27, Tel./Fax 06/35 34 73 08, ruhig und komfortabel in historischem Ambiente, 7 km südwestlich Todi

Auskunft

Tourist Information Office, Via A. Ciuffelli, 8, 06059 Todi (PG), Tel. 0 75/8 94 38 67, Fax 8 94 43 11

Karte

IGM, Blätter Prodo, 130 II NO, und Baschi, 130 II SO

Varianten

Zum Baden im Lago di Corbara fährt man am besten die Straße am Südufer bis zum Podere Belvedere (Restaurant) und wandert dort an den Uferwiesen entlang, in nordöstlicher Richtung

9 Todi vor Augen

Tourenlänge
14 km

Durchschnittliche Gehzeit
4 Std.

Etappen
Fiore – Torre Gentile 4 km – Abzweig nach Camerata 4 km – Abzweig Izzalini 3 km – Fiore 3 km

Steigung
400 m

Interessantes am Weg
Mittelalterliche Burgtürme, Herrensitz und Dorf Torre Gentile. Zauberhaft schöne Ausblicke auf Todi

Wegcharakter
Leichte Rundwanderung, meist auf weißen Straßen, streckenweise auch auf Asphalt. Große Laubwälder!

Wegmarkierung
Nur vereinzelt

Wälderstille um Fiore und Torre Gentile

Unsere Auswahl umbrischer Genußrouten erspart nach Möglichkeit kilometerlanges Wandern auf Straßen und erst recht auf asphaltierten. In der sanften Hügellandschaft südlich von Todi sprechen gute Gründe für eine Ausnahme. Zwischen den Monti Martani im Osten und dem Tal des Tibers mit seinen beiden Stauseen Lago di Corbara und Lago di Alviano ist Umbrien noch weithin unverfälscht in seiner Ruhe und ländlichen Schönheit zu erleben. Die großen Verkehrsströme werden auf den Straßen E 45 (Perugia – Terni) und Nr. 448 (den Tiber begleitend) vorbeigeleitet.

Auf der weißen Straße, die man von **Fiore** in Richtung Torre Gentile wandert, bleibt man darum meist ungestört. Sonnenblumenfelder, winzige Weiler und der eine oder andere mittelalterliche Turm setzen ihre Akzente, und bald zeigt der Blick zurück den Stadthügel von Todi, klar konturiert wie auf einem alten Gemälde.

Torre Gentile, ein alter Herrensitz, scheint Haus um Haus von wohlhabenden Eignern renoviert zu sein. Der lichte Laubwald, der schon bis hierher die Felder umrahmt hat, überwölbt nun die schmale Straße. Kurvenreich geht es leicht bergan, und immer wieder locken kleine Talgründe zu einer Picknickpause. Erst auf der Straße Camerata – Izzalini, in die man rechts einbiegt, erreicht man bei **Casaleone** den Scheitelpunkt des Wanderwegs (586 m) auf der Hochebene **»I Poggi«** (= Die Anhöhen). Gut 2 km weiter steht man an der Straße Izzalini – Todi – die ist asphaltiert und deutlich mehr befahren. Man kann sich die anstehenden 3 km

Ein Wahrzeichen der erlesen schönen Hügelstadt Todi ist die Kuppelkirche Santa Maria della Consolazione. Wenn man Todi mit dem Wagen besucht: Parkplätze finden sich im Umkreis der Kirche – falls man früh genug kommt.

Asphalt bis Fiore mit einem Busticket ersparen, am besten, wenn man sich zuvor in Todi nach dem aktuellen Fahrplan erkundigt hat (etwa zwei Busse am Nachmittag). Und wieder hat man Todi vor Augen.

Informationen zur Tour

Ausgangsort

Fiore (344 m), gleich beim Ristorante Rosa dei Venti (Parkplatz) erreicht man die weiße Straße Richtung Torre Gentile

Anfahrt

Pkw: Von Todi kurze 10-km-Fahrt, anfangs Richtung Orvieto, Abzweig in Richtung Fiore und Izzalini
Bus: Von Todi Richtung Izzalini über Fiore mehrmals täglich, aber nicht immer in den Morgenstunden

Zielpunkt und Rückfahrt

Rundwanderung, die letzten 3 km nach Fiore auch mit Bus möglich, ebenso von Fiore nach Todi

Einkehrmöglichkeiten

Ristorante Rosa dei Venti**, am südlichen Ortausgang von Fiore, von

Alte Steine und Stufen, schmiedeeiserne Gitter: In solche Häuser können mancherorts auch Feriengäste einziehen.

7–22 Uhr geöffnet, Fr geschlossen. Für die Wanderung Proviant und vor allem Getränk mitnehmen!

Unterkunft

In Todi mehrere Hotels, für gehobene Ansprüche das schön gelegene Bramante***, Tel. 0 75/8 94 83 81, außerhalb von Todi bei Asproli das Landhaus Palazzetta** mit sportlichen Aktivitäten, Tel. 0 75/8 85 32 19

Auskunft

In Todi, siehe Tour 8

Karte

IGM, Blätter Todi, 1390 II NE, und Izzalini, 130 II SE

Varianten

Abstecher zum Schloß Izzalini (1 km), dort Antiquitätenverkauf

Weitere Sehenswürdigkeiten

Todi selbst, das sich als Standquartier anbietet, lohnt einen intensiven Rundgang auf seinem Stadthügel. Manche halten Todi für die schönste Hügelstadt Umbriens, und gewiß ist dieses architektonische Juwel sehr gut zu Fuß zu erkunden. Falls man mit dem Wagen kommt, läßt man ihn auf einem Parkplatz außerhalb des Mauerrings, am besten bei der Kirche Santa Maria della Consolazione im Südwesten der Stadt, von weitem erkennbar an ihrer mächtigen Renaissancekuppel. Von dort eine Viertelstunde Fußweg durch den Waldpark hinauf zum Stadtzentrum, wo alles um die Piazza del Popolo nah beieinander ist: Der Palazzo del Popolo und der Palazzo del Capitano (mit der wiedereröffneten Pinacoteca), der Palazzo dei Priori und gegenüber mit großer Freitreppe der romanische Dom Santa Maria. In Gegenrichtung, nach Süden zu, liegt San Fortunato, eine der schönsten Hallenkirchen Italiens. Restauranttip: Jacopone**, an der Piazza Jacopone

10 Um den See der Vögel

Tourenlänge
19 km

Durchschnittliche Gehzeit
6 Std.

Etappen
Madonna del Porto – Rundgang Oasi di Alviano 5 km – Guardea 7 km – I Calanchi 3 km – Madonna del Porto 4 km

Steigung
300 m

Eignung für Kinder
Das Vogelschutzgebiet ist interessant schon für etwa Sechsjährige. Die große Rundwanderung sollte man erst Zehnjährigen zumuten

Interessantes am Weg
Vogelschutzgebiet »Oasi di Alviano« (nicht ganzjährig zugänglich). Mittelalterliche Burg oberhalb von Guardea

Wegcharakter
Rundgang im Naturschutzgebiet. Aufstieg nach Guardea und gemächlicher Abstieg meist auf weißen Straßen. Prächtige Fernblicke!

Wegmarkierung
Nur vereinzelt

Vom Lago di Alviano nach Guardea

Die Energiewirtschaft verlangte dem Tiber einen Stausee mehr ab, der WWF (World Wide Fund for Nature) machte daraus ein Vogelparadies, die Oasi di Lago Alviano. Das rund 900 Hektar große Areal im **»Parco fluviale del Tevere«** auf den Besucherwegen zu durchwandern und von den Beobachtungsständen mit dem Fernglas die Vogelwelt wahrzunehmen, ist ein zumindest in Mittelitalien einzigartiges Erlebnis. (Eine zweite »Oasi« in Colfiorito im Apennin ist deutlich kleiner.) Kormorane, Reiher und Störche und noch Dutzende andere Vogelarten machen hier Station. Schaukästen, ein Infozentrum (mit Überblick aus dem ersten Stockwerk), vor allem freundliche Führer helfen zu besserem Verstehen.

Mit der kleinen »Oasi«-Wanderung (die ohnehin nur von September bis April möglich ist) kann man die größere Rundwanderung hinauf nach Guardea verbinden. Unfehlbar kommt man auf der Asphaltstraße Madonna del Porto – Guardea ans Ziel, schöner ist aber der Fußweg, der gleich westlich von der **Eisenbahnbrücke** zwischen Oasi und den Häusern von **Madonna del**

Porto ausgeht, die Autostraße quert und sich auf weißen Straßen fortsetzt. Kornfelder, Olivenhaine, Weingärten prägen die sonnige Landschaft zwischen Tiber und den Hügeln. Orentieren muß man sich wieder einmal fast ohne Wegweiser, notfalls hält man sich doch an die Straße.

Im Provinzstädtchen Guardea wurde die Kirche aus dem 18. Jh. mit einem modernen Fassadenmosaik geschmückt. Die vergleichsweise riesige Burg mit bis zu 10 m hohen Natursteinmauern oberhalb der Stadt ist in Privatbesitz und lädt mit einem handgeschriebenen Zettel zum telefonisch vereinbarten Besuch (Tel. 0744/90 35 59).

Von der Straße Guardea – Alviano zweigt noch im Ort Guardea eine weiße Straße westlich zum Hof »I Calanchi« ab (ausgeschildert) und führt dann die Berghänge entlang zur Ebene zurück. Man ist noch mitten in

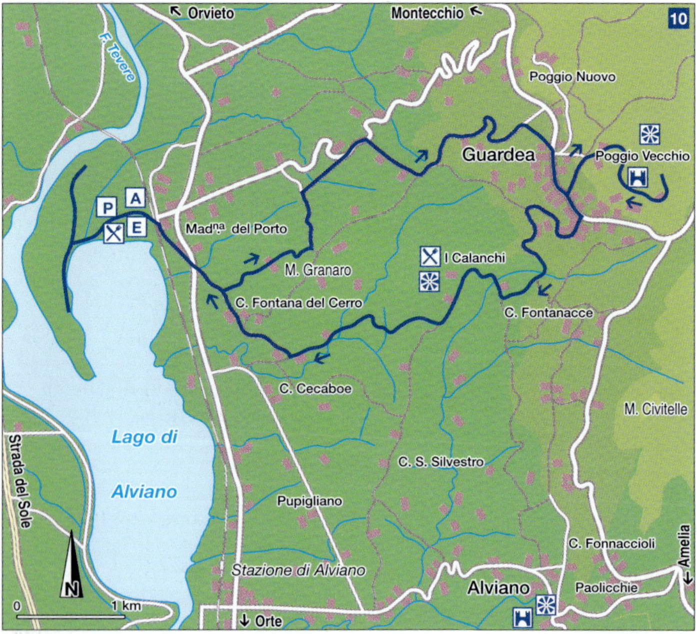

den Bergen, wenn man den wieder ausgeschilderten kleineren Abzweig nach rechts zu »I Calanchi« erreicht. Der kurze Abstecher dorthin lohnt, schon allein wegen der prächtigen Aussichtsterasse, die zu längerem Bleiben im Agriturismo-Quartier lockt.
Für das letzte Stück des Rückwegs wartet man am besten auf den Spätnachmittag: Die dramatisch kahlen Erosionshänge sind fast schattenlos, und ebenso die Felder drunten.

Umbrische Keramik lebt aus ihren traditionellen Mustern und Formen, und oft geraten die Teller und Krüge auch in den althergebrachten Farben am besten – wie Korngelb, Braun und Moosgrün.

Informationen zur Tour

Ausgangsort
Madonna del Porto, an der Straße Orvieto – Orte, östlich der Strada del Sole

Anfahrt
Pkw: Gut von Orvieto, von Todi und auch von Amelia aus erreichbar
Eisenbahn: Von Orvieto nach Alviano Scalo

Zielpunkt und Rückfahrt
Rundwanderung von und nach Madonna del Porto

Einkehrmöglichkeiten
In Madonna del Porto Ristorante I Gelsi**, mehrere Restaurants in Guardea

Unterkunft
Empfehlenswert: der Agriturismo-Hof »I Calanchi«* südwestlich von Guardea, mit Sorgfalt eingerichtet, mit Restaurant und Terrasse (Tel. 0744/90 36 82, April–Sept.)

Auskunft

IPT dell'Amerino, Via Orvieto, 1, 05022 Amelia (bei der Porta Romana), Tel. 0744/981453, Fax 981566.
Oasi W.W.F. di Alviano, Loc. Madonna del Porto, 05025 Guardea, TR, Tel. 0744/903715, oder bei Gianni Cardinali, Tel. 0763/40695

Karte

IGM, Blatt Castiglione in Tevere, 137 I NO

Öffnungszeiten

Oasi di Alviano Sept.–April Sa/So 10–12.30 und 14 Uhr bis Sonnenuntergang (Führungen)

Varianten

Vom Agriturismo I Calanchi kann man auch nach Alviano wandern (etwa 4 km, Bus nach Stazione Alviano und Madonna del Porto) und eine schöne kleine Altstadt um die starke tausendjährige Rocca erleben. In der Rocca zeigt das Museo del Territorio Darstellungen der traditionellen bäuerlichen Welt (Tel. 0744/904425). Wenige Kilometer südöstlich an der Straße nach Amelia liegt das noch sehr mittelalterlich anmutende Lugnano mit der Kirche Santa Maria Assunta, im Kern aus der Zeit um 800 – die Mosaikböden, antiken Säulen, vor allem die steinernen Reliefs und Skulpturen sind ein nur wenigen bekannter Schatz!

Ferngläser liegen an den Beobachtungsständen der Oasi di Alviano aus, aber wenn viele Besucher kommen, ist man mit dem eigenen Glas gut dran – erst recht Kinder wollen es kaum noch hergeben, wenn sie Vögel entdeckt haben.

11 Eine Landpartie zum versteinerten Wald

Tourenlänge
16 km

Durchschnittliche Gehzeit
5 Std

Etappen
San Cristoforo – San Lorenzo 6 km – Foresta Fossile 2 km – San Cristoforo 8 km

Steigung
100 m

Eignung für Kinder
Ab 6 Jahre (wenn wandergeübt)

Interessantes am Weg
Agriturismo San Cristoforo; romanische Kirche von San Lorenzo; »Versteinerter Wald«

Wegcharakter
Leichte Wanderung über Hügelland

Wegmarkierung
Keine

Von San Cristoforo nach Dunarobba

San Cristoforo ist ein Gutshof etwa 6 km nördlich von Amelia, leicht erhöht inmitten der weit gewellten umbrischen Landschaft aus grünen Feldern, braunen Äckern und langen Baumreihen. Eine Kapelle auf dem Hof stammt noch aus dem 17. Jh., der Gutsherr züchtet Pferde, aber auch Swimmingpool und Jeep gehören zur Ausstattung. Wer hier wohnt, kann viele Ausflüge in die vom Tourismus noch kaum veränderte Region zwischen Todi, den Monti Martani, Narni und Amelia machen.
Zum Beispiel eine Landpartie zu den faszinierenden, erst in jüngster Zeit öffentlich zugänglich gemachten Funden von versteinerten Bäumen bei Dunarobba/Avigliano. Es gibt in diesem Bauernland keine Markierung, man muß sich an die Wegbeschreibung halten. Von der Straße Amelia – San Cristoforo geht man in Nordrichtung auf den Fosso Campolungo zu und die Hecken entlang zu einem Gehöft. Gleich dahinter wendet man sich an einer einzeln stehenden großen Pinie rechts (bis hierher gut 1,5 km). Danach gleich wieder links, auf den Vocabulo Fornace zu, bei dem man eine weiße Straße erreicht (1,3 km).
Man folgt ihr nach rechts, in Richtung auf Montecastrilli, verläßt sie nach 600 m beim nächsten Gehöft gleich wieder nach links. Über den Fosso del Vallicciano geht es in ein Waldstück hinein

Eine alte Wassermühle wie aus dem Märchen ist »Le Molinelle« nördlich von Dunarobba, von freundlichen Eignern bewohnt.

und zum **Gehöft Casanova**, mit altem Turm (1,5 km).
Die jetzt erreichte Asphaltstraße wieder nur etwa 600 m nach rechts gehen und dann dem Zeichen nach San Lorenzo links folgen, wieder nördlich. Nach etwa 800 m steht man vor der kleinen **romanischen Kirche**. Sie ist versperrt, doch der aus rechteckigen Natursteinblöcken und wenigen Ziegeln gemauerte Bau ist eindrucksvoll in seiner einfachen Form. Einzelne Steine zeigen noch antikes Pflanzenornament.
Weiter nördlich, gut 1,5 km, bis man bei **San Polo** die Asphaltstraße nach Dunarobba erreicht. Bereits nach etwa 700 m von San Polo kann man links zum **»Foresta Fossile«** hinuntergehen. Unter den erst 1996 neu angebrachten Schutzdächern liegen – oder stehen zum Teil auch noch – die meterlangen Stämme, die im Lehmboden zu Fossilien wurden, kerbig genarbter Stein, der vor Millionen von Jahren lebendiges Holz war. In solcher Vielzahl wie hier sind große Holzfossilien selten, rechtens heißt der Platz »Versteinerter Wald«. Entdeckt wurde dieses Erbe aus der Frühzeit von Arbeitern der benachbarten Ziegelbrennerei.
Im westlich benachbarten Avigliano (etwa 4 km westlich) ist ein »Centro di documentazione« eingerichtet worden, auch Führungen werden veranstaltet.
Der Rückweg kann in einem Bogen direkt südlich auf das Ge-

höft »Casanova« zu und dann auf gleichem Weg wie zuvor nach San Cristoforo zurückführen. Für San Cristoforo-Gäste wird auf Vereinbarung auch ein Rückholservice angeboten. Das kann besonders lohnen, wenn man die Wanderung noch um Varianten erweitert.

Informationen zur Tour

Ausgangsort

San Cristoforo (309 m)

Anfahrt

Pkw: Von Amelia (etwa 6 km): von der Straße nach Narni links in Richtung Sambucetole abbiegen, an der Wegkreuzung vor Sambucetole aber rechts halten

Zielpunkt und Rückfahrt

»Foresta fossile« bei Dunarobba/Avigliano. Auf dem gleichen Weg zurück. Von Avigliano auch Busverbindung nach Amelia

Einkehrmöglichkeiten

In Dunarobba eine Bar, in Avigliano das Restaurant »Foresta«. Proviant und Getränk für ein Picknick mitnehmen!

Öffnungszeiten

Zeiten nach der für 1997 vorgesehenen Wiedereröffnung der »Foresta Fossile« und des Dokumentationszentrums erfragen (siehe Auskunft)

Unterkunft

Azienda Agrituristica San Cristoforo*, Strada San Cristoforo, 16, 05077 Amelia (TR), Tel. 0744/98 82 49, Fax 98 84 59. In Amelia u. a. das moderne Hotel Scoglio dell'Aquilone**, 1 km westlich der Stadt im Waldtal, Tel. 0744/98 24 45, Fax 98 30 25

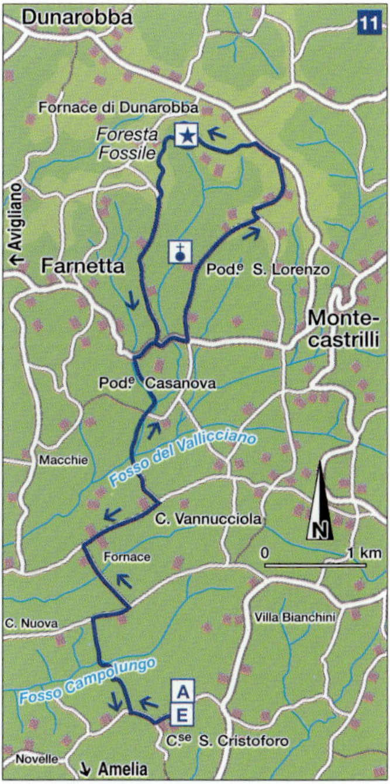

Auskunft

Ufficio Informazione Turistiche, Via Orvieto, 1, 05022 Amelia, Tel. 0744/98 14 53, Fax 98 15 66

Karte

IGM, Blatt San Gemini, 138 IV NO, auch die Anschlußblätter Avigliano, Todi und Acquasparta

Variante

Der Weg kann über Dunarobba hinaus nordwestlich nach Molinelle führen, einem wie verwunschenen Tal mit alter Wassermühle inmitten von Wald, Feldern und blühendem Bauerngarten. Kleines Privatmuseum, interessant auch für Kinder (etwa 6 km von Dunarobba)

Ausritt von der Azienda Agrituristica San Cristoforo, wo man schönste Reiterferien mit mehrtägigen Exkursionen machen kann.

12 Wo Römer und Mönche siedelten

Tourenlänge
14 km

Durchschnittliche Gehzeit
3 – 4 Std.

Etappen
Carsulae – Dorf Portaria 2,5 km – L'Eremità 8 km – Carsulae 3,5 km

Steigung
500 m

Interessantes am Weg
Römerstadt Carsulae; mittelalterlicher Ort Portaria und das Franziskanerkloster L'Eremità (im Wiederaufbau)

Wegcharakter
Rundwanderung über den Ruinen des römischen Carsulae in der Waldlandschaft der Monti Martani. Weite Ausblicke!

Wegmarkierung
Weg Nr. 55 und rotweißrot MT (= Martani Trekking), nicht durchgängig markiert

Carsulae und das wiedererweckte l'Eremità

Zuerst die Archäologie oder zuerst die Wanderung? Man kann sich so schnell von **Carsulae** nicht losreißen, wenn man erst einmal mitten in dieser ganz einzigartigen archäologischen Stätte Umbriens angekommen ist. Ein ganzes antikes Stadtzentrum ist in seiner originalen Struktur wahrzunehmen. Der Ort entstand an der Via Flaminia, dieser Lebensader Roms zum Adriatischen Meer, und existierte bis zum 3. Jh. n. Chr. in Wohlstand, wie die stattlichen Reste des Forums und des Amphitheaters zeigen. Auf großen Orientierungstafeln werden die Ruinen benannt, samt der romanischen **Kirche San Damiano**, die zum Kloster Cosma e Damiano gehörte. Eine Stunde vergeht rasch beim Gang über das archäologisch gut konservierte Gelände.

Bricht man von Carsulae nordwärts durch die römische Nekropole auf, kommt rasch **Portaria** mit seiner pittoresken Silhouette in den Blick. Durch Waldstücke, Felder und Gärten führt der Weg Nr. 55 dorthin über teils weiße, teils asphaltierte Straßen. Portaria ist ein noch mittelalterlich geprägter Ort, mit dem – oft geschlossenen – Restaurant »L'Antico Frantoio« und einer Aussichtsterrasse. Wer lieber gleich in die Wälder wandert, kann aber auch abkürzen und schon 1 km südlich von Portaria den teils stark überwachsenen »MT«-Weg wählen, der beim **Gehöft »Le Monache«** (Privatgrundstück queren!) auf die weiße Straße zum l'Eremità hinaufführt. Über mehr Kehren, als die Karte zeigt, bringt einen die Waldstraße stetig bergan, ist streckenweise von Regengüssen aufgerissen und schließlich nur noch ein Karrenweg. Einzelne Äcker, Viehgeläut von Waldweiden und frei weidende Pferde, im Herbst pfundweise reife Brombeeren an den Dornenbüschen – so geht's bis auf 700 m hinauf und dann recht steil hinab in den Talgrund des Fosso dell'Eremità. Jenseits des zeitweise ausgetrockneten Baches erreicht man wieder eine weiße Straße, die gequert wird. Ein schmaler Pfad (»MT«-Zeichen!) führt an bemoosten Felsen vorbei wieder bergan, zur Lichtung des **Klosters L'Eremità** (auch Romita genannt). Wohl bis ins 7. Jh. reicht auf diesem Aussichtsplatz die mönchische Tradition; 1313 habe der hl. Franziskus hier eine Kirche erbaut, heißt es. Das Kloster wurde Ziel großer Prozessionen, dann verfiel es. Erst seit 1990 lebt L'Eremità wieder, dank dem Franziskaner Bernardino Greco, der mit großem Engagement und der Hilfe junger Leute aus verschiedenen Ländern den Wiederaufbau begann. Sein Ziel: an diesem spirituellen Ort ökumenische Begegnungen zu ermöglichen. Inmitten von Gemüsebeeten, Zementmischern und Maiskolben nehmen im Schatten hoher Zedern Kirche und Wohnbauten wieder Gestalt an. Gäste

Bögen und Gewölbe – Maurerarbeit, die in der einstigen Römerstadt Carsulae an der Via Flaminia fast zwei Jahrtausende überdauert hat.

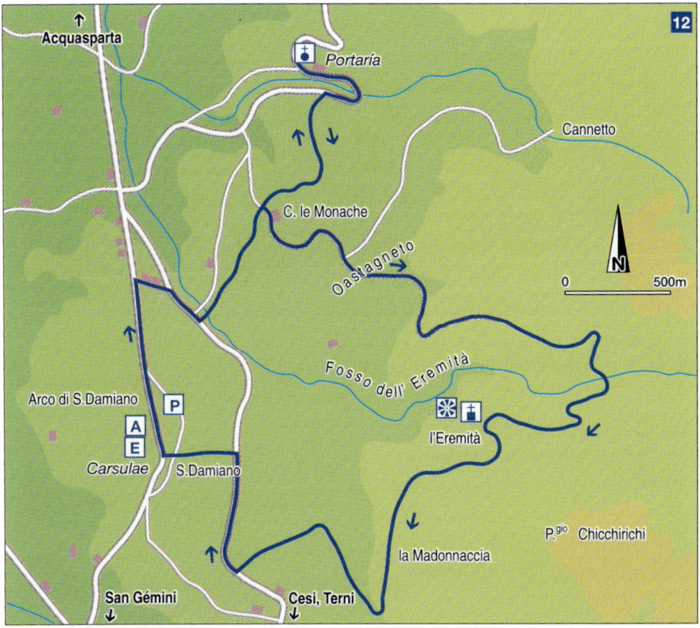

sollten sich für freundliche Aufnahme mit einer Spende bedanken (Tel. 0744/28 30 06, Pater Bernardino Greco spricht gut deutsch).

Von L'Eremità führt ein Weg an wunderschön bemoostem Gemäuer talwärts. An einer Weggabelung kann man geradeaus zu der Kirche Sta. Caterina oder scharf rechts direkt weiter hinab nach Carsulae gehen. Am Fuß des Berges durch eine Torschranke, weiter auf dem Weg mit dem Schild »Durchfahrt verboten« und dann über die Asphaltstraße zu den Ruinen!

Informationen zur Tour

Ausgangsort

Carsulae (420 m), bei San Gemini

Anfahrt

Pkw: Von Norden über die E 45, Ausfahrt San Gemini, von Süden auch die kleinere Straße Terni – San Gemini – San Gemini Fonte

Unzählbar sind die großen Ausblicke auf die umbrische Landschaft – hier ein Blick auf die Ebene von Terni vom Kloster L'Eremita.

Bus: Busverbindungen von Terni und San Gemini nach Carsulae und Portaria

Zielpunkt und Rückfahrt
Rundwanderung nach L'Eremità

Einkehrmöglichkeiten
In Fonte San Gemini Restaurant »All'Antica Carsulae«* (auch Hotel, Tel. 0744/63 01 63), in San Gemini »La Taverna del Torquio«** (Mi geschlossen)

Öffnungszeiten
Freier Zugang zu den Ruinen von Carsulae

Unterkunft
Hotels in San Genimi, z. B. »Albergo Duomo«** (Tel. 0744/63 00 15, Restaurant nur in der Saison)

Auskunft
Busfahrpläne: ATC Terni, Tel. 0744/ 5 95 41 und 40 29 00

Karte
Martani Trekking, 1:25 000, Regione dell'Umbria/ Club Alpino Italiano, Delegazione Regionale Umbria, Piero Amighetti Editore 1990, mit Beiheft (ital.), oder IGM, Blatt San Gemini, 138 IV NO

Variante
Verbindung Tour Nr. 12 mit Tour Nr. 13

Sehenswertes in der Umgebung
In San Gemini ist das Centro Storico mit der Kirche San Francesco, in Fonte San Gemini der große Park sehenswert. Reich an Renaissancebauten ist die Hügelstadt Narni (ca. 20 km südwestlich von Carsulae)

13 Auf den Monte Torre Maggiore

Tourenlänge
15 km

Durchschnittliche Gehzeit
5 Std.

Etappen
Cesi – San Erasmo 4,5 km – Monte Torre Maggiore 3,5 km – Colle Zannuto 4 km – Cesi 3 km

Steigung
800 m

Interessantes am Weg
Romanische Kirche San Erasmo, umbrische Tempelmauern auf dem Monte Torre Maggiore, große Ausblicke auf die Monti Martani und in den Talgrund von Terni

Wegcharakter
Auf Waldstraßen, Wanderwegen und Almpfaden zum Gipfel, Abstieg über Geröllhang (für die weniger Gelenkigen etwas mühsam), zurück nach Cesi auf schattigem Waldweg

Wegmarkierung
Rotweißrot MT (nicht durchgängig), teils auch rot-gelb

Über dem mittelalterlichen Cesi: ein umbrischer Götterberg

Große Ausblicke und die Begegnung mit einer einzigartigen umbrischen Kultstätte verheißt diese Wanderung. Leicht ist am nördlichen Rand von Cesi das Schild »Segnale turistico – Osservatorio Astronomico San Erasmo« zu finden, dort an der Straße nach San Gemini kann man parken. Auf nur anfangs asphaltierter schmaler Waldstraße geht es stetig bergan. Am Wochenende Autoverkehr, Familien sind zu den Picknickplätzen unterwegs. Alternativ kann man statt der Straße auch den Steilpfad bei der Kirche San Onofrio am oberen Rand von Cesi wählen und auf dieser »Direttissima« nach San Erasmo aufsteigen, an mittelalterlichem Mauerwerk und einem Turm vorbei (gelb-rote Markierung, etwa 1 km).
Seitlich der Straße nimmt man die Observatoriumskuppel und Picknickwiesen wahr, bevor die künstlich geschaffene kleine Hochfläche mit der Kirche San Erasmo und ihrer romanisch klaren Architektur erreicht wird (12. Jh., benediktinisch, kein Zutritt). Noch viel älter, wohl aus dem 3./4. Jh. v. Chr., sind die riesigen polygonalen, also unregelmäßig, mit vielen Kanten zugehauenen Blöcke, teils ehemalige Ummauerung, teils Tempelfundament. Von dieser Kultstätte der umbrischen Ureinwohner steigt man nördlich bergan, durch lich-

Aufstieg zu einem der ältesten steinernen Zeugnisse umbrischer Geschichte: Heiligtum auf dem Monte Torre Maggiore.

ten Wald, über sanft gewellte Weideflächen und an den *Cisterne nuove*, den steinernen Tränken, vorbei, wo es nochmals Picknickplätze gibt. Der Gipfel des **Monte Torre Maggiore** wird fast pfadlos von der weißen Straße aus angegangen, über die immer steinigere Weide hin. Der Kalkstein bricht in zahllose handgroße Platten, die locker am Hang liegen.
Ein unverschlossener Gitterzaun friedet das einstige **Gipfelheiligtum** ein, das seit Ende der 80er Jahre freigelegt wurde. Bis 4 m lang sind die kubischen Mauerblöcke. Die Archäologen vermuten, daß der Platz mit dem großen 360-Grad-Rundumblick dem umbrischen Gott Laran geheiligt war, dem römischen Kriegsgott Mars ähnlich (daher auch: Monti Martani).
An der Ostseite des eingezäunten Gevierts entdeckt man zwar nur Andeutungen von Pfaden, doch die Richtung Osten stimmt: schnurstracks talwärts, bald kommt drunten ein umwallter Teich in Sicht. Man steigt jedoch über das meist steinig-rutschige Gelände nicht bis zum Talgrund ab, sondern hält nach dem – etwa auf der Höhe eines verlassenen Gehöftes linker Hand –

hangparallelen Fußpfad mit den »MT«-Zeichen. Auf diesem Pfad geht es wieder südwärts den Fosso Valle di Licino entlang, an der gemauerten Fonte Regine vorbei. Aus dem dunklen Steineichenwald tritt man beim Colle Zannuto auf einen Felssporn, mit schönstem Ausblick auf Berghorizonte, Olivenhaine und die Stadt Terni. Auf dem Pfad, der sich nun westlich wendet, fanden wir wieder einmal die im Umbrischen gar nicht so seltenen spitzen schwarzweißen Stachelschweinborsten.
Noch etwa eine Dreiviertelstunde vom Colle Zannuto, dann hat der Pfad an Ginster- und Brombeerwildnis vorbei die Autostraße erreicht, gleich ist man in Cesi und kann sich in einer Cafébar erfrischen. Das enge Städtchen mit seinen malerischen Mauern hat zwei mittelalterliche Kirchen, Sant'Andrea und Sant'Angelo.

Informationen zur Tour

Ausgangsort
Cesi (437 m)

Anfahrt
Pkw: Auf der E 45 aus Richtung Todi, Abfahrt San Gemini, oder von Terni über Campitello

Bus: Verbindungen von San Gemini oder von Terni

Zielpunkt und Rückfahrt
Rundwanderung Cesi – Monte Torre Maggiore – Cesi

Einkehrmöglichkeiten
Trattoria Caprareccia, bei Cesi an der Straße San Gemini – Cesi. Andere Restaurants in San Gemini (siehe Tour 12). Verpflegung und Getränk mitnehmen!

Unterkunft
In San Gemini (siehe Tour 12) oder in Terni (dort viele Hotels)

Auskunft
In San Gemini (siehe Tour 12) oder in Terni, Ufficio Informazioni Turistiche, Viale C. Battisti, 7A, Tel. 0744/ 42 30 48 und 42 30 49 (westlich der Piazza Tacito)

Karte
Martani Trekking, 1:25 000, Regione dell'Umbria/Club Alpino Italiano, Delegazione Regionale Umbria, Piero Amighetti Editore 1990, mit Beiheft (ital.) oder IGM, Blatt Cesi, 138 IV NE

Variante
Die Tour Nr. 13 läßt sich verbinden mit Tour Nr. 12, auf zwei Wegen: Entweder geht man vom Eremità über den Poggio Chicchirichi (952 m) südöstlich direkt zum Gipfel des

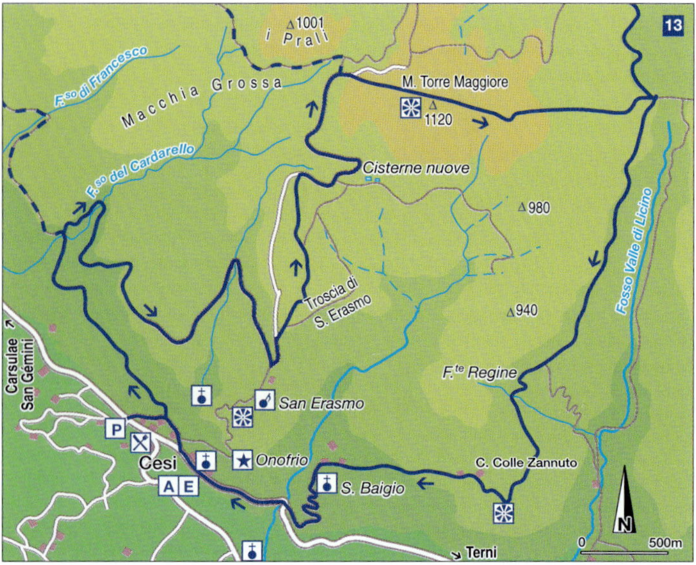

Monte Torre Maggiore. Oder man folgt südlich vom Eremità dem Weg nach Sta. Caterina und benutzt von dort den schmalen Abzweig in südöstlicher Richtung (nicht geradeaus nach San Francesco!). Dieser Weg trifft auf die Waldstraße von Cesi nach San Erasmo

Sehenswertes in der Umgebung

Terni lohnt einen Rundgang durch die jüngst renovierten Reste der Altstadt zwischen der Piazza San Francesco und dem römischen Amphitheater. In der Kirche San Francesco hat Bartolomeo di Tommaso im 15. Jh. die Cappella di Paradiso mit Dante-Fresken ausgemalt. Im barocken Dom Sta. Maria Assunta ist eine romanische Krypta erhalten, an der Piazza Europa der monumentale Palazzo Spada, das letzte Werk von Antonio da Sangallo d. J., der 1546 in Terni starb. Terni, Hauptstadt der gleichnamigen umbrischen Provinz, war ein Industriestandort mit dem ersten Stahlwerk Italiens (seit 1884), wurde im Zweiten Weltkrieg von der US Air Force schwer bombardiert und wächst heute, nach der Schließung der Stahlwerke, zu einer grünen Stadt (etwa 8 km südöstlich von Cesi)

14 Tausendjährige Burg über dem See

Tourenlänge
4 km

Durchschnittliche Gehzeit
1–1½ Std.

Etappen
Parkplatz nördlich Piediluco – Burg auf dem Monte Luco ½ km – San Martino 1½ km – Piediluco, Parkplatz 2 km

Steigung
170 m

Eignung für Kinder
Schon für 6jährige geeignet

Interessantes am Weg
Eindrucksvolle Burgruine mit wuchtigem Bergfried, reizvoller Ort Piediluco, zusätzlich Ausflug zu den Wasserfällen

Wegcharakter
Eher Spaziergang als Wanderung, mit prächtigen Ausblicken über den See und die südumbrische Landschaft

Wegmarkierung
Nur vereinzelt

Piediluco und dazu noch die Cascate delle Marmore

Italien wie aus dem Bilderbuch: die grüngesäumte, spiegelglatte Fläche des Sees, auf dem Berg über den alten Mauern des Städtchens eine Burgruine, Felder, Wälder und Dörfer die Berge hinauf zu den Monti Reatini und Monti Sabini, über 2000 m hoch, drüben in Latium.

Zum bescheideneren **Monte Luco** (542 m) direkt über dem See geht man anfangs durch dichten Wald. 1996 war der verwachsene Einstieg in diesen Waldweg nicht bezeichnet, zur Orientierung hilft ein Lichtmast mit dem Schild »Vocabolo Colle dei Frati«. Oberhalb des Friedhofs, unterhalb der Burg quert man die mittelalterliche Wehrmauer. Südlich jenseits des Sees sieht man die weiße Figur der »Madonna del' Eco« auf dem Kegel des Monte Caperno. Die Höhe mit der **Burg** ist bald erstiegen, eine wuchtige Kalksteinruine mit meterdicken Wänden, Rundbogenöffnungen über den Fenstern und einem fünfeckigen Wehrturm wie ein riesiger Schiffsbug. 1364 ließ Kardinal Albornoz die damals schon jahrhundertealte Rocca vergrößern und verstärken. Für Kinder ein Abenteuergelände, für Land-

schaftsfreunde bei klarem Wetter großartige Fernblicke!
Damit man die Freude daran länger hat, lohnt ein erweiterter Abstieg. Zuerst ostwärts zu dem fast ebenso großen Nebengipfel, gleichfalls mit Ruinen, dann weiter östlich – aber nicht der Stromleitung talwärts folgen, sondern nördlich den Pfad durch den Buschwald finden, der am Fuß des Hanges auf eine alte Eichenallee führt! Sie reicht fast bis zu der modernen Umgehungsstraße, doch wendet man sich am Ende der Allee scharf südlich und kommt an Neubauvierteln und aufwendigen Villen entlang zur *Via Panoramica*. Der kann man oberhalb des alten Ortes zurück in Richtung auf den Parkplatz folgen.
Piediluco selbst hat hübsche Winkel und einladende Gastronomie, es ist ein Ferienort nach Großelternart ohne üppige Hotelkästen und Animationsanstrengungen. Die italienischen Rudersportler treffen sich hier in ihrem Zentrum zum Training. Das Wasser des Sees ist allerdings manchen zu kalt, wegen der Zuflüsse aus dem Gebirge. Eine architektonische Kostbarkeit

Über dem See von Piediluco: die Ruine der wohl schon im 11. Jh. erbauten Burg mit dem mächtigen fünfseitigen Bergfried. Im 14. Jh. wurde sie zur Verteidigung des Kirchenstaats noch verstärkt.

ist die Kirche San Francesco aus dem 13. Jh., mit breiter Freitreppe und einem hochverehrten Kruzifix im Chor (»Buon Gesu«).

Informationen zur Tour

Ausgangsort

Parkplatz am nördlichen Ortsbeginn von Piediluco an der Straße von Terni

Anfahrt

Pkw: Anfahrt von Terni ca. 15 km (dort auch nächster Bahnhof)
Bus: Linie 24 Terni – Marmore – Piediluco – Rieti, tgl. mehrere Verbindungen

Zielpunkt und Rückfahrt

Rundwanderung zum Monte Luco (542 m)

Einkehrmöglichkeiten

In Piediluco reichliche Auswahl, hübsche Seeterrassen, empfehlenswert »Belvedere«*

Unterkunft

»Albergo Lido«*, Piazza Bonanni, 2, Tel. 0744/36 82 92 und 36 83 54, oder in der Höhe über Piediluco ein Agriturismo-Albergo mit Reitmöglichkeit: »La Ciriola«**, Vocabulario Valle Spoletina, Tel. 0744/36 81 79 und 36 85 38. Camping »Lago di Piediluco«, Tel. 6 91 95, sowie ein anderer bei den Wasserfällen

Traumschöner Ausblick vom Monte Luco (= der Berg mit dem Hain) auf den Lago Piediluco. Der ist kein Natursee, wurde aber schon im 3. Jh. v. Chr. aufgestaut.

Auskunft
Pro Loco, Via IV Novembre, 7, Tel. 0744/6 82 85

Karte
IGM, Labro, 138 I SO

Variante
Die Wanderung verkürzt sich auf eine Dreiviertelstunde Gehzeit, wenn man vom Kastell die Serpentinenstraße südlich zum Ort zurückgeht

Sehenswertes in der Umgebung
Eine touristische Hauptattraktion Umbriens liegt nur etwa 6 km nordöstlich von Piediluco: die Cascate delle Marmore. Sie wurden bei der Umleitung des Velino-Flusses geschaffen, bereits 271 v. Chr., vor mehr als 2200 Jahren. 165 m tief stürzen die Fluten seither in die Valnerina (= Nera-Tal). Wegen der Nutzung zur Stromerzeugung kommt die gischtende Pracht allerdings nur noch stundenweise, werktags nur halbstundenweise zur Geltung (aktuelle Zeitpläne gibt's im Hotel). Man kann vom Tal aufsteigen, entweder zum Kanal, aus dem das Wasser hinabstürzt, oder zum Belvedere gegenüber, mit schönem Ausblick auf das künstlich angelegte Naturschauspiel

15 In Adlerhöhen über dem Tal der Nera

Tourenlänge
9 km

Durchschnittliche Gehzeit
3 Std.

Etappen
Gavelli – Monte Coscerno 4 km – Forca della Spina 3 km – Gavelli 2 km

Steigung
550 m

Interessantes am Weg
Mittelalterliche Kirche San Michele Arcangelo in Gavelli

Wegcharakter
Leichte Rundwanderung mit schönsten Fernblicken

Wegmarkierung
Rotweißrot Nr. 14, teils auch unmarkiert

Von Gavelli zu den Almwiesen des Monte Coscerno

Im Parco Naturale Regionale Valnerina, der sich von Ferentillo bis Triponzo erstreckt, gibt es eine Fülle von Wanderrouten. Die Nera ist ein Forellengewässer, auf den Höhen nisten Adler, und die Landschaft ist rundum vom Schönsten. Mit dem Aufstieg zum höchsten Gipfel östlich des Tals, dem Monte Coscerno (1684 m) läßt sich der Besuch eines Kunstjuwels der Renaissance verbinden, das man in dem Bergdorf Gavelli nicht vermutet. Mit einer Marienkrönung, dem Bild des Erzengels als Ritter und einer merkwürdigen Höllendarstellung wurde Gavellis St.-Michaels-Kirche um 1500 von dem Perugino-Schüler Giovanni di Pietro, genannt Lo Spagna, ausgemalt. (Nach dem Schlüssel zur Kirche fragen!) Den Wohlstand, der die Verpflichtung eines solchen Künstlers ermöglichte, verdankte das Dorf wohl dem Erzbergbau, der sich im 18. Jh. erschöpfte.
Die Markierungen des Wegs 14 beginnen bei der gefaßten Quelle oberhalb des Dorfes. Dessen spektakuläre, schon bei der Anfahrt imposante Lage auf einem Bergsporn hoch über dem Talgrund kommt zehn Minuten später noch fotogener von oben in den Blick. Der Weg führt an einem umzäunten Schutzwaldgelände bergan, erst ostwärts, dann nördlich und in einer Kehre durch freiliegenden Fels nach Nordwesten und Westen. Die Markierungen sind am grasigen Hang oberhalb des Schutzwalds nicht mehr leicht auszumachen, aber der Ausblick ist prächtig, hinüber zum Monte Rotondo und Monte dell'Eremità auf der

anderen Talseite. Man geht unterhalb des Monte-Coscerno-Kamms im leichten Anstieg und durchquert einen Waldgürtel; der Pfad verläuft zwischen Ginster, Silberdisteln und Laubbauminseln. Wenn Gavelli fast genau südlich in der Tiefe erscheint, hat man nördlich die Sendemasten am Monte-Coscerno-Gipfel im Blick. Man kann dem Kamm mit seinen Nebengipfeln dorthin noch weitere 1,5 km folgen oder doch auf die kommunikationstechnisch verunstaltete Gipfelhöhe verzichten und sich durch einen Taleinschnitt um den 1581 m hohen Vorgipfel nordöstlich wenden. Nur Windgeräusch und wenige Vogelstimmen unterbrechen die große Stille. Auf Kammhöhe am Rand des Steineichenwalds entlang – wegen der Fernblicke schöner als der Weg tiefer am Hang! – geht man auf Karrenspuren über die Almwiesen in Südost-, dann in Südrichtung auf den Sattel **Forca della Spina** zu. Dort durch das Tor eines Weidezauns und auf der weißen Straße in den Waldschatten: Der Rückweg nach Gavelli ist nicht zu verfehlen (wieder mit Nr. 14 markiert). Kurz vor dem Ort wird die Asphaltstraße nach Monteleone di Spoleto gekreuzt, noch einmal liegt Gavelli über seinen Felswänden schön im Blick.

Über tiefer Schlucht liegt das Dorf Gavelli im Valnerina-Naturpark. Oberhalb der Straße führt der Wanderweg zum Monte Coscerno.

Informationen zur Tour

Ausgangsort

Gavelli (1153 m)

Anfahrt

Pkw: Von Spoleto, Terni oder Norcia in die Valnerina, von Sant'Anatolia di Narco ein Seitental hinauf zum Dorf Gavelli, 13 km

Bus: Verbindung mit Sant'Anatolia di Narco

Zielpunkt und Rückfahrt

Rundwanderung zum Monte Coscerno (1654 m)

Einkehrmöglichkeiten

Nur in Sant'Anatolia di Narco – z. B. Bar Grisu* mit Trattoria und Pizzeria – und unterhalb des Ortes an der Straße 209. Verpflegung und Getränk mitnehmen!

Unterkunft

Agriturismo-Betrieb »Le Vaie«*, mit öffentlichem Restaurant, in Grotti, Loc. Vaie nordwestlich von Sant'Anatolia di Narco, Tel. 0743/61 32 69. Größere Auswahl in Norcia und Cascia

Auskunft

Ufficio Informazioni Turistiche in Cascia, Piazza Garibaldi, Tel. 0743/7 11 47; spezielle Touren im Naturpark veranstaltet der WWF Terni, Via Cesare Battisti, 98, 05100 Terni, Tel. 0744/30 15 84

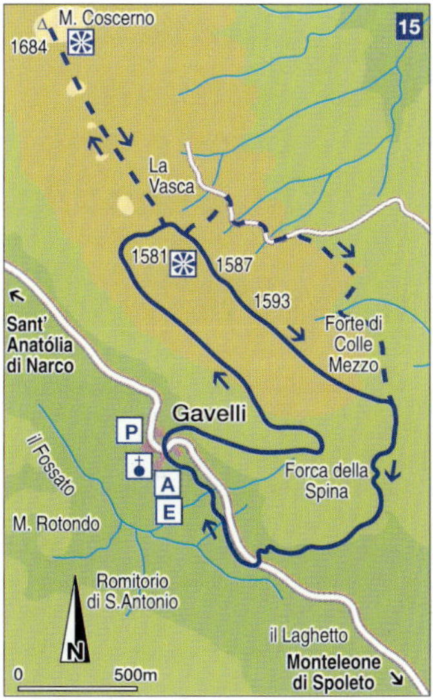

Karte

20 Sentieri ragionati in Valnerina, Azienda di Promozione Turistica della Valnerina-Cascia, Auflage 1994. Auch IGM, Sant'Anatolia di Narco, 121 II SE

Variante

In der Valnerina lohnen viele Abstecher, hinauf zum Ort Vallo di Nera nördlich von Sant'Anatolia di Narco wie auch talabwärts zu der ehrwürdigen Abtei San Pietro in Valle, die man über Sambucheto erreicht. Das Zentrum der Kletterer ist, noch weiter auf Terni zu, Ferentillo mit seinen Felsen, die mit dem höchsten Schwierigkeitsgrad herausfordern

16 Uralte Abtei im Lande des hl. Benedikt

Tourenlänge
10 km

Durchschnittliche Gehzeit
2 1/2 Std.

Etappen
Campi (718 m) – Abbazia di Sant'Eutizio (678 m) 5 km – Piedivalle 0,5 km – Campi 4,5 km

Steigung
200 m

Interessantes am Weg
Kirche San Salvatore in Campi, Benediktinerabtei Sant'Eutizio

Wegcharakter
Angenehme Wanderung durch Wiesen und Wälder (Trittsicherheit!), Rückweg entweder auf asphaltierter Straße oder auf gleicher Strecke

Wegmarkierung
Sentiero Norcia – Sant'Eutizio, markiert

Auf dem Sentiero Norcia – Sant'Eutizio

Mit der Abtei San Pietro in der Valnerina zählt die Benediktinerabtei Sant'Eutizio im Castoriana-Tal zu den bedeutendsten und schönsten Umbriens. Dieses Tal im Norden des Nationalparks Monti Sibillini, nah der Grenze zur Provinz Marken, war schon früh ein Vorzugsort von Einsiedlern und Mönchen. Fährt man mit dem Wagen von Norcia, dem Geburtsort des hl. Benedikt, über den Paß Forca d'Ancarone (1008 m) Richtung Visso und Preci, so lohnt kurz vor dem Dorf Ancarone ein Halt bei der Kirche Madonna Bianca, mit schöner Renaissance-Loggia, 11 km von Norcia (Schlüssel im Haus gegenüber).
Die Wanderung beginnt am nördlichen Ausgang des Dorfes **Campi**, wo die romanische Kirche San Salvatore besonders reizvolle Rosetten zeigt (hier auch der Parkplatz). Der *»Sentiero Norcia – Sant'Eutizio«*, mit einem Schwanensymbol ausgeschildert, führt durch Wiesengrün, wendet sich nach etwa 200 m nach links und steigt dann unter Baumschatten in nördlicher Richtung an. Unversehens befindet man sich schon hoch über dem Talgrund und der Straße nach Preci.
Im offenen Buschwald mit einzelnen hohen Bäumen und Baumgruppen genießt man die Landschaft Umbriens in ihrer glücklich harmonischen Gestalt,

mit den immer neuen Ausblicken über die lichtgrüne Talweite und zu walddunklen Hängen, in Stille und ohne alle störenden Bauten. Der Weg am Hang wird nun pfadschmal, erfordert stellenweise Trittsicherheit und wendet sich in der **Fossa di Stigni** scharf links. Wir folgen ihm weiter, nicht etwa dem Hohlweg nördlich bergab! Es geht im Gegenteil noch einmal leicht bergan, doch nur auf bescheidene 840 m. Gegenüber im Norden ragt der Gipfel des Monte Torre Collescille auf (1168 m), mit einem vierschrötigen Burgturm an seinem Hang.

Zehn Minuten später ist der elegant schmale Bau der **Abtei Sant'Eutizio** im Blick. Bänke und ein Panoramaplatz sind für den Wanderer vorbereitet – aber jetzt lockt die Abtei, rasch ist man unten an der Straße und drüben an der Toreinfahrt. Ver-

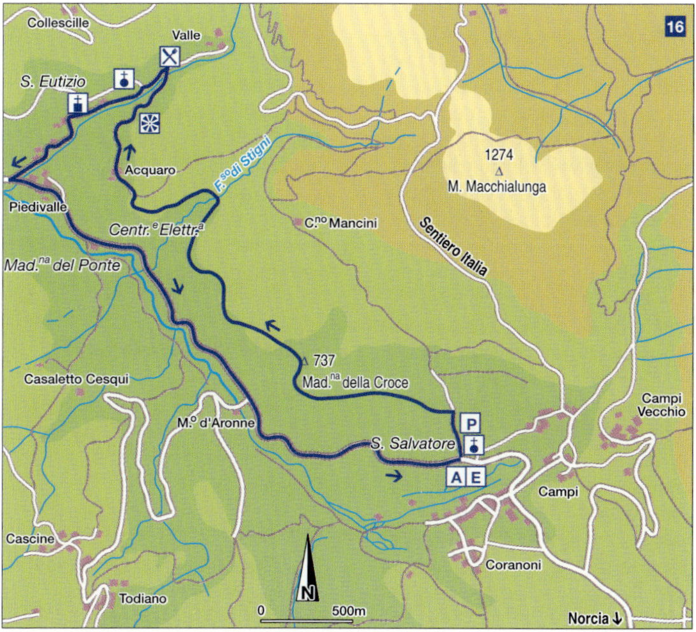

Am Westrand des »Parco Nazionale de Monti Sibillini«, beim Dorf Campi, dem Ausgangsort der Wanderung zur Abtei Sant'Eutizio.

mutlich um das Jahr 1000 ist hier ein Kloster entstanden, wo Höhlen in der Felswand vielleicht zuvor von Eremiten bewohnt waren. Der jetzige Bau entstand zwei Jahrhunderte später, als Zentrum der sogenannten »Eutizianischen Kongregation« mit einer großen Zahl von Burgen, Klöstern und Kirchen im Umkreis. Schon bald wurde Sant'Eutizio in ganz Italien berühmt als Ort medizinischer Wissenschaft, dank der »Scuola chirurgica Preciana«. Im ersten Portal ist sogar der Name des Baumeisters oder Steinmetzen genannt, mit der Jahreszahl 1190: »Magister Petrus«. Maestro Pietro hat für wunderbar schöne Rosetten mit den Symbolen der Evangelisten gesorgt, und feierlich ragt der Campanile auf. Der Kreuzgang stammt wohl aus dem 14. Jh. Nebenan kann man einkehren, bei der »Weißen Blume«.
Für den Rückweg bietet es sich an, zum Dorf **Piedivalle** hinüberzuwandern, dort verkehren Busse von Preci, oder ein freundlicher Fahrer bringt einen in seinem Wagen nach Campi.

Informationen zur Tour

Start Ausgangsort

Campi

Anfahrt

Pkw: Straße 209 von Süden von Norcia, von Norden von Preci
Bus: Verbindung zeitweise nur Preci-

Ancarono über Piedivalle, Auskunft SSIT, Tel. 0743/4 58 15

Zielpunkt und Rückfahrt
Rundwanderung zur Abtei Sant'Eutizio, Rückfahrt wie Anfahrt

Einkehrmöglichkeiten
Ristorante Bianco Fiore*, Tel. 0743/ 9 91 85, Mi geschlossen, direkt am Zugang zur Abtei

Unterkunft
Norcia ist das günstigste Standquartier, z. B. mit dem Hotel Garden** am Rande der Altstadt (Via XX Settembre, 2/b, Tel. 0743/81 66 87, Fax 81 66 20)

Auskunft
Associazione Turistica Pro Nursia, Piazza San Benedetto, Norcia, Tel. 0743/81 67 01

Karte
Parco Nazionale dei Sibillini 1:25 000, hg. vom Club Alpino Italiano, Sezione di Ascoli Piceno, Verlag Società Editrice Richerce (SER), Monti Sibillini (Cascia – Norcia) 1:50 000, Nr. 666 Kompass

Variante
Wer sich von diesem Wandervorschlag unterfordert fühlt, kann auch den ganzen Weg von Norcia zu Fuß machen, auf dem erwähnten Sentiero Norcia – Sant'Eutizio über die Forca di Ancarano (1008 m). Da Norcia auf 600 m Höhe liegt, ist insgesamt ein Unterschied von rund 900 m zu überwinden.
Vor allem lohnt ein Rundgang durch Norcia, das als Geburtsort des hl. Benedikt, aber auch als eine Hochburg der Gastronomie berühmt ist, mit Trüffel-, Käse-, Linsen- und Wurstspezialitäten und dem Restaurant »Granaro del Monte«. Martialisch dekorieren Metzger ihre Ladenfassaden mit Wildschweinköpfen.
Um den Palazzo Comunale im Centro Storico sind die Basilika San Benedetto (darunter möglicherweise Reste des Geburtshauses) und die Stadtfestung Castellina mit neuem Museum zu besichtigen

Eremiten lebten hier schon zur Zeit des hl. Benedikt von Nursia. Die Abtei Sant' Eutizio entstand um das Jahr 1000.

17 Piano Grande – das andere Umbrien

Tourenlänge
7 km

Durchschnittliche Gehzeit
2 Std.

Etappen
Castelluccio – Abzweigung Serpentine 3 km – Fonte Conserva (gefaßte Quelle) 1 km – Fonte Poggiolo (Viehtränken) 1 km – Castelluccio 2 km

Steigung
200 m

Interessantes am Weg
Bergdorf Castelluccio mit Renaissancekirche und die Landschaft des Piano Grande (= Große Ebene) in den Monti Sibillini

Wegcharakter
Leichter Weg erst auf weißer Straße, dann auf Pfaden am streckenweise steilen Grashang. Bei Nebel nicht geeignet

Wegmarkierung
Am westlichen Ortsausgang rotweißrote Hinweistafel Nr. 6 »I Valloni«. Später meist nur sehr verblaßte rote Zeichen

Bei Schafherden und Gleitschirmfliegern

Die große Überraschung kommt schon bei der Anfahrt. Umbrien, das Land der zahllosen Hügel? Von Norcia ist man über viele Kehren in die Monti Sibillini hinaufgefahren, noch ein Stück weiter im Osten müßte man bei gutem Wetter die Cima del Redentore sehen, den höchsten umbrischen Gipfel. Doch die Gipfel und Hänge treten vor Castelluccio auseinander, geben einer Ebene Raum, die riesig wirkt – bis zu den fernen, puppenwinzigen Häusern von Castelluccio am Ende der schnurgeraden Straße. In Wirklichkeit mißt der Piano Grande in der Länge nur etwa 8 km.
Castelluccio ist hier der einzige Ort. Schlägt man sein Zelt nicht in der Ebene auf, wird man sein Hotelbett oder Privatquartier in dem ehemaligen Hirtendorf haben. Früher war der ganz aus Feldsteinen gemauerte Ort oft den Winter über von der Welt abgeschnitten, die Karrenwege waren zugeschneit. Die Schafhirten treiben noch immer ihre Herden, die von ferne nur wie Schneeflecken aussehen. Aber immer größere Teile des Piano Grande sind doch zu Ackerland geworden, vor allem für die wohlschmeckenden, extrakleinen

Linsen, die hier Spezialität und – »souvenirmäßig« abgepackt – Mitbringsel für die Touristen sind. Eine andere Spezialität sind die Gleitschirm- und Drachenflieger. Der Wind, die Berge, die Hochebene sind wie für sie gemacht.
Unser Wanderweg ist für Gäste richtig, die mittags ankommen und abends wieder zurückwollen nach Norcia oder Spoleto, oder für andere, die sich nach ihrer Ankunft einen längeren Spaziergang wünschen und sich auf die Bergtouren der nächsten Tage freuen.
Von der weißen Straße, über deren Geröll die Paragliders ihr Gerät bergwärts transportieren, hat man besten Ausblick auf den Teppich der braun- und grüngetönten Felderrechtecke, auf das weite Weidegrün und den noch viel weiteren Berghorizont. Nach einer guten halben Stunde ist man an der nur unzureichend bezeichneten Abzweigung abwärts zur **»Fonte Conserva«**. Auch der Hangweg teilt sich dann wieder, in einen oberen Pfad zum Poggio di Croce und einen unteren zu den *»Coste terre nere alte«*, zur Schwarzerde, zu den Äckern also. Hinter uns sehen wir wieder Castelluccio. Unser »Schwarzerde«-Weg scheint nach zwei Kehren an einem zerklüfteten Steilgraben zu enden. Obwohl Wanderkarten eine Fortsetzung des Serpentinenweges anzeigen, ist an den steilen Bergflanken doch kein Pfad zu entdecken. Wer ganz hinabsteigen will, muß eine längere Strecke

Einzigartig in Umbrien und kaum von einem kleinen Foto zu erfassen: die grandiose Weite des »Piano Grande« in den Monti Sibillini.

über rutschiges Gras hinabkraxeln.
Quert man jedoch über der Quellenfassung (= Fonte Conserva) den Steilgraben, kommt man wieder auf einen bezeichneten Grasweg, der – wieder mit schöner Aussicht! – nach Castelluccio zurückführt. Achtung auf die vielen Disteln!
An einer Reihe von Viehtränken wandert man noch vorbei und kurz vorm Ort am kleinen Friedhof. In Castelluccio steigt man wiederum hinauf: zur **Kirche Santa Maria Assunta**, die mit ihrem stattlichen Renaissance-Portal auch eine Überraschung ist: Vor langer Zeit herrschte hier schon einmal Wohlstand. Modern ist das Bild der Maria seitlich vom Eingang: eine jugendliche, schöne Madonna, eine Schutzgöttin vor der geometrisch abstrahierten Landschaft des Piano Grande, von Drachenfliegern umschwebt.

Informationen zur Tour

Ausgangsort
Castelluccio (1452 m)

Anfahrt
Pkw: Von Spoleto 78 km, von Norcia etwa 30 km
Bus: Keine tägliche Verbindung mit Norcia, Abfahrt von Castelluccio nur frühmorgens

Kühl kann es bei Wettereinbrüchen im einstigen Hirtendorf Castelluccio (1452 m) auch im Juni noch werden.

Zielpunkt und Rückfahrt
Rundwanderung zur Fonte Conserva über dem Piano Grande

Einkehrmöglichkeiten
Restaurants und Bars in Castelluccio

Unterkunft
Albergo »Sibilla«* in Castelluccio, Tel. 0743/821113, Restaurant Di geschlossen. Ausweichquartier »Canapine«** an der Forca Canapine, Tel. 0743/816508 (Skizentrum!)

Auskunft

Siehe Tour 16

Karte

Siehe Tour 16

Variante

Der »Parco Nazionale dei Monti Sibillini« existiert erst seit 1990, das 70 000 Hektar große Gelände gehört zu den drei Provinzen Perugia, Ascoli und Macerata. Von Castelluccio kann man zu vielen Monti-Sibillini-Touren aufbrechen. Leider stimmen die Wegnummern der Karte »Parco Nazionale dei Sibillini« nicht überall mit den Markierungen überein. Unsere Wanderung könnte beispielsweise weiter westlich zur Forca di Giuda (1794 m) zwischen Monte Patino und Monte delle Rose führen und dann nördlich der Gipfel des Monte Rose und des Monte Veletta über der Valle Canatra zurück nach Castelluccio (etwa 12 km, auf der genannten Karte Nr. 19a, 19 und 22)

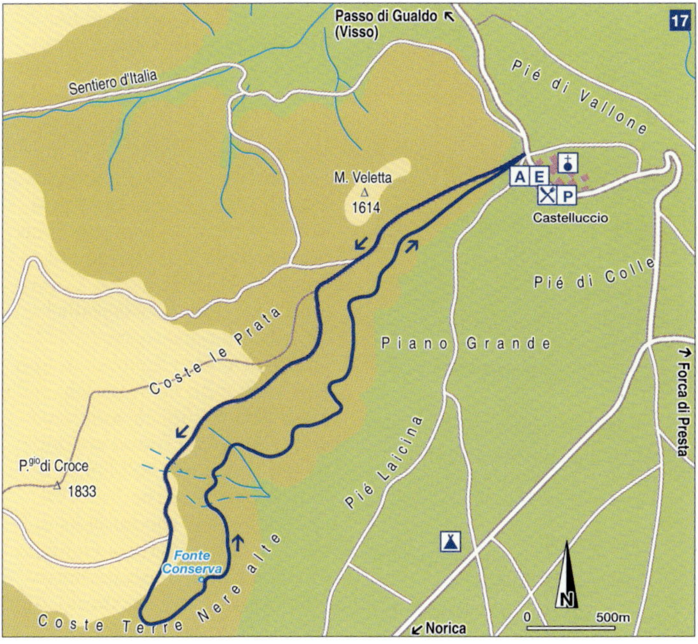

18 Durch Tunnelschwärze zur Valnerina

Tourenlänge
13 km

Durchschnittliche Gehzeit
4 Std.

Etappen
Spoleto, beim Albergo Barbarossa – Steinbruch vor Caprareccia 3 km – Stazione Caprareccia 2 km – östlicher Ausgang der Galleria di Caprareccia 3 km – San Martino 3 km – Sant'Anatolia di Narco 2 km

Steigung
600 m

Eignung für Kinder
Ab 8 Jahre geeignet

Interessantes am Weg
Tunnel und Viadukte der 1913–26 erbauten Bahn Spoleto – Norcia, Kirche San Martino und Dorf Sant'Anatolia di Narco

Wegcharakter
Aufgegebene Bahntrasse mit 2 km langer Tunnelstrecke (Taschenlampe unentbehrlich! Kräftiges Schuhwerk und Jacke nützlich). Steiler Ab- und Anstieg beim Steinbruch.

Wegmarkierung
Streckenweise lückenhaft

Auf den Spuren der Dampfeisenbahn

Es war eine Pioniertat und ein Meisterstück der Ingenieure: der Bau der Bahnlinie Spoleto – Norcia, der durch den Ersten Weltkrieg freilich lange verzögert wurde. Mit ihren 19 Tunneln (in Italien heißen sie »Gallerie«) und 26 Brücken erlöste die rund 50 km lange Strecke die Valnerina-Orte aus ihrer Isolation. Denn: die Gebirgsstraßen damals erlaubten nur 20-km-Tempo. 1926 absolvierte der **»Trenino azzurro«** dann seine Jungfernfahrt, 1968 wurde die Linie stillgelegt. Heute ist die Schotterstrecke ein origineller Wanderweg. Kinder kann man mitnehmen – wenn sie längere Wanderstrecken gewöhnt sind und sich nicht im Dunkeln fürchten, wird die 2 km lange unbeleuchtete »Galleria« bei Caprareccia zu einem unvergeßlichen Urlaubserlebnis!
Sogar den alten Bahnhof in Spoleto kann man noch finden, etwa 300 m südlich vom heutigen. Den *Viale Trieste* entlanggehen und dann halblinks halten! Weiter über die *Via XVII Settembre* und wieder links auf der Durchgangsstraße *Flaminia Vecchia* kommt man stadtauswärts bald zur Superstrada-Auffahrt. An deren Südseite beim

Hotel »Barbarossa« ist unser Startpunkt, mit rotweißrotem Zeichen und Parkmöglichkeit (Wegschranke »Proprietà privata«). Das Vorstadtgelände der Tankstellen und Autowerkstätten bleibt rasch zurück. Die aufgelassene, schienenlose Bahnstrecke ist wechselweise grüner Hohlweg und Panoramastraße mit Ausblicken bis Assisi, führt auf Viadukten über romantische Täler und durch kurze Tunnel. Die sind mit Gittertoren gesichert und manchmal verschlossen – beim Club Alpino (siehe unten »Auskunft«) vorher erkundigen! Nach etwa einer Wegstunde sperrt ein solider Gitterzaun den Schotterweg, »Privatbesitz«, und nötigt zum Abstieg ins Tal, auf steilem, nach Regen rutschigem Weg (rotes Wegzeichen). Ein **Steinbruch** wird umrundet, rechts führt eine Sandstraße wieder bergan, dann folgt man dem rotweißroten Zeichen wieder rechts auf einen schmaleren Abzweig, immer am Gitterzaun entlang. Der Ab- und Aufstieg kostet eine knappe Stunde, bis man die Bahntrasse wieder erreicht, wo sie auf einem hohen **Viadukt** die Straße Nr. 395 nach Piedipaterno kreuzt. Ein Gebüschpfad führt von der Nordseite aufs Gelände der Station **Caprareccia**.

Einstieg ins Dunkel, keine Beleuchtung – also bitte zur Wanderung auf der Strecke des »Trenino azzurro« nicht die Taschenlampen vergessen!

Noch eine Viertelstunde, und man hat den Eingang der 2 km langen »Galleria di Caprareccia« und damit auch die Scheitelhöhe der Strecke erreicht. Kein Licht außer der eigenen Lampe, kein Geräusch außer manchmal einem Wassertropfen – der Gang durch den Berg ist eine Erfahrung von starker Konzentration, gesteigert noch, wenn man die Taschenlampe einmal ausschaltet. Nach einer guten Viertelstunde schimmert voraus matte Helligkeit auf, das sprichwörtliche Licht am Ende des Tunnels.
Auf der Valnerina-Seite führt die Schottertrasse (auf die Dauer mühsam begehbar, wenn kein Grasstreifen vorhanden ist!) in Serpentinen bergab, durch großes Waldgelände und nochmals durch kürzere Tunnel. Das Dorf San Martino kommt in Sicht: Man kann die Bahnstrecke verlassen und auf Pfaden direkt absteigen, erreicht ein liebliches Tal mit Obst- und Weingärten und bald eine kleine Straße, die einen zur Hauptstraße Terni – Norcia und zur Kreuzung mit der Abzweigung nach Sant'Antolia di Narco bringt. Der Bus zurück nach Piedipaterno/Spoleto hält auch an dieser Kreuzung, aber angenehmer erwartet man ihn droben in Sant'Anatolia di Narco.

Informationen zur Tour

Ausgangsort
Spoleto (332 m), nördlicher Verteiler der »Superstrada« Nr. 3 (Via Flaminia, beim Hotel Barbarossa)

Anfahrt
Pkw: ca. 1,5 km nördlich vom Zentrum Spoletos, in Richtung Foligno und Assisi
Bus: Aus Spoleto Bus Nr. 11 von der Piazza Carducci in Richtung Foligno/Perugia, Fahrer nach Ausstieg zum Hotel Barbarossa fragen!
Bahn: Spoleto ist Bahnstation, mit Verbindungen von Rom, Florenz und Ancona

Zielpunkt und Rückfahrt
Sant'Anatolia di Narco. Rückfahrt mit Bus Nr. 2 Sant'Anatolia – Piedipaterno – Spoleto, Teilstrecken auch mit Bus Nr. 1 und Nr. 4

Einkehrmöglichkeiten
In Sant'Anatolia di Narco (siehe Tour Nr. 15). Verpflegung und Getränk für unterwegs mitnehmen

Unterkunft
Spoleto als Standquartier: mehr als zwei Dutzend Hotels, auch preisgünstige komfortable kleine Häuser wie »Il Panciolle«* (Via Duomo, 4, Tel. 0743/4 55 89) oder das etwas größere »Nuovo Clitunno«** (Piaz-

za Sordini, 6, Tel. 0743/22 30 40, Fax 22 26 63, mit Parkplatz), beide im Centro Storico

Auskunft

APT di Spoleto, Piazza della Libertà, 7, Tel. 0743/4 98 90. Busfahrpläne für Spoleto, Foligno und Valnerina: SSIT, Spoleto, Tel. 0743/21 22 11, Fax 4 78 07. Club Alpino d'Italia, Delegazione Regionale Umbria, Vicolo Pianciani, 4, Spoleto, Tel. und Fax 0743/22 04 33, Fr. 17.30 – 19.30 Uhr (Information über Öffnung der Gitter an den Tunneln!)

Karte

IGM, Spoleto, 131. II SO, und Anschlußblatt Sant'Anatolia di Narco. Stadtplan von Spoleto (gratis beim APT)

Variante

Etwas mehr als 1 km nördlich von Sant'Anatolia di Narco und gut zu Fuß zu erreichen liegt im schönen Nera-Tal der malerische alte Ort

Über dem Tal der Nera: solid gemauerte Viadukte der 1926 eröffneten, 1968 stillgelegten Bahnstrecke.

Castel San Felice di Narco, mit einer vor allem ihrer Reliefskulpturen wegen sehr sehenswerten romanischen Pfarrkirche. Der Fries über dem Portal zeigt Szenen aus dem Leben des hl. Felix – jenes Felix, der hier zur Langobardenzeit gelebt haben soll (es gibt mehrere Heilige seines Namens). Wer noch mehr Eisenbahn-Nostalgie erwandern möchte, verläßt die Strecke bei Piedipaterno nicht, sondern folgt ihr noch vier Stunden mehr bis Borgo Cerreto und Triponzo

19 Schauen und Schlendern in Spoleto

Tourenlänge
3 km

Durchschnittliche Gehzeit
1 Std.

Etappen
Teatro Romano – Kirche San Gregorio 1,2 km – Piazza Duomo 1 km – Teatro Romano 0,8 km

Steigung
100 m

Interessantes am Weg
Spoleto ist eine Stadt voller Sehenswürdigkeiten: außer den genannten u. a. die Galleria d'Arte Moderna, der ehem. Dominikaner-Konvent, der Torre d'Olio, die archaische Stadtmauer, der Dom, der Bischofspalast, die Casa Romana, der Drusus-Bogen und die Isaaks-Krypta

Wegcharakter
Stadtrundgang

Wegmarkierung
Keine

Ruinen der Antike, Museen, kostbare Kirchen

Die Nord-Süd-Ausdehnung des Stadtkerns mißt kaum einen Kilometer. Wenn man die Gehstrecke auch leicht in einer Stunde hinter sich bringt, einen vollen Tag sollte man sich für die Rundwanderung durch die einstige Hauptstadt des Herzogtums Spoleto doch nehmen.
Bei der *Piazza della Libertà* (dort auch Tourismusamt) ist das **Archäologische Museum** beim wohlerhaltenen kleinen Teatro Romano eingezogen, mit sehr sehenswerter Sammlung (1).
Nördlich geht es den *Corso Mazzini* mit Läden und Restaurants bis zur ersten Kreuzung entlang, dort links bergab an der Kirche San Lorenzo (12. Jh.) vorbei zur *Piazza San Domenico* – der ehemalige **Konvent der Dominikaner** (2) ist jetzt Ausstellungsgebäude.
Wie die Dekoration für ein Mittelalterstück wirkt am nördlichen Ende der *Via Pierleone Leoni* das Ensemble aus **Porta Fuga** und **Torre d'Olio** (3), die pittoresken Bauten stammen jedoch original aus dem 12./13. Jh.
Zehn Minuten weiter erreicht man über den *Corso Garibaldi* die romanische **Kirche San Gregorio** mit antiken Säulen (4).
Von dort auf der Parallelstraße *Via Nuova* zurück zum mittelalterlichen Stadtkern mit den riesigen, wohl im 4. Jh. v. Chr. erbauten umbrischen Mauern (5)!
An der Kirche San Nicolo vorbei

– heute ein modernes Kongreßzentrum – und weiter hinauf zur Oberstadt (in Ost-, dann in Südrichtung) kommt man durch ein malerisches Treppenviertel. Spoletos berühmtestes Bauwerk, der **Dom Santa Maria Assunta**, steht am östlichen Stadtrand, mit Weinbergen im Hintergrund, und birgt schönste Kunst (6). Noch weiter hinauf geht es zum **Bischöflichen Palast** mit seinen musealen Sammlungen (7) und zur *Piazza Campello* mit der barocken Fontana del Mascherone vorm Eingang zur mächtigen Rocca. Sehr reizvoll, immer voll Leben sind die Viertel südlich davon, das Vicolo della Basilica und die Gegend um das ehemalige römische Forum, heute **Piazza del Mercato** (8), mit Obst- und Gemüsemarkt.

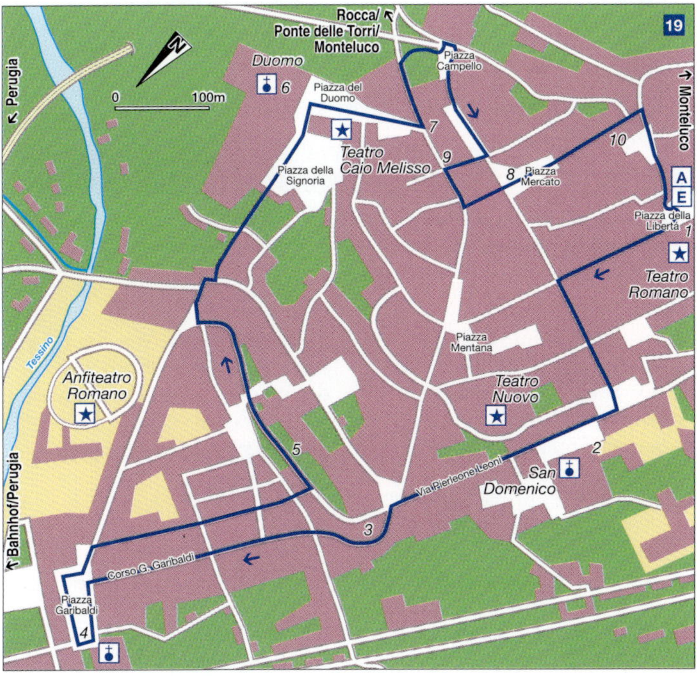

Einer der schönsten Dome Italiens: der von Spoleto. Nach der von Kaiser Barbarossa befohlenen Zerstörung wurde 1198 der Neubau geweiht.

Die »Casa Romana«, Reste eines römischen Hauses im Keller des Palazzo Comunale (9), der Drususbogen (10) und dicht dabei der Säulenstumpf eines römischen Tempels in der ursprünglich frühchristlichen Isaaks-Krypta der Kirche Sant'Ansano erinnern an die Bindungen Spoletos an das antike Rom, zu dem die umbrischen Einwohner der Stadt auch nach dem Sieg Hannibals am Trasimenischen See noch hielten. Von Sant'Ansano aus ist man rasch wieder an der Piazza della Libertà.

Informationen zur Tour

Ausgangsort

Piazza della Libertà in Spoleto

Anfahrt

Spoleto ist mit Pkw, Bus und – aus den

Richtungen Perugia, Gualdo Tadino und Terni – mit der Bahn erreichbar. Innerhalb der Stadt Busverkehr

Zielpunkt und Rückfahrt

Rundwanderung um und durch das Centro Storico

Einkehrmöglichkeiten

Ristorante Sabatini**, Corso Mazzini, 52–54, Tel. 0743/ 2218 31, Mo. geschlossen. Del Mercato*, Piazza Mercato, 29, Tel. 0743/4 53 25, Mo. geschlossen

Öffnungszeiten

Galleria Comunale d'Arte Moderna: Di–So 10–13 und 15–18 Uhr; Museo Archeologico und Teatro Romano: sommers Mo–Sa 9–13.30 und 14.30–18 Uhr, So 9–13, winters 15–19 Uhr; Museo Diocesano und Pinacoteca Comunale: Do–Di 10–12.30 und 15.30–19.30 Uhr

Unterkunft

Siehe Tour 18

Auskunft

Siehe Tour 18

Karte

Siehe Tour 18

Variante

Die Kirche San Pietro in Valle, vielleicht die erste Bischofskirche Spoletos, liegt südlich außerhalb der Stadt am Monteluco, etwa 3 km von der Piazza della Libertà entfernt: ein Bau aus dem 12. Jh. mit seltenen symbolischen Reliefdarstellungen an seiner Fassade

Die Monumentalplastik des amerikanischen Künstlers Alexander Calder am Bahnhof von Spoleto entstand als Beitrag zum »Festival der zwei Welten«, das jedes Jahr im Juli stattfindet.

20 Um Spoletos heiligen Berg

Tourenlänge
15 km

Durchschnittliche Gehzeit
4 ½ Std.

Etappen
Spoleto – Castelmonte 7 km – Le Porelle 4 km – Monteluco 2 km – Spoleto 2 km

Steigung
700 m

Interessantes am Weg
Burgruine Castelmonte, heiliger Hain der Umbrer und Kloster des San Francesco auf dem Monteluco

Wegcharakter
Gleichmäßiger Anstieg durch den waldgrünen Fosso di Valciega, von Castelmonte und Monte Termine schöne Fernblicke, vom Monteluco rascher Serpentinenabstieg

Wegmarkierung
Streckenweise rote Markierung. Von Monteluco nach Spoleto auf Weg Nr. 1

Zum Monteluco einmal anders

Der Weg auf Spoletos Hausberg, nur knapp 400 m über den Bögen des berühmten Ponte delle Torri, ist ein Morgenspaziergang oder eine rasche Wagenfahrt über die gut ausgebaute Serpentinenstraße. Aber es geht auch ganz anders, wenn man sich dem heiligen Hain der Umbrer und dem kleinen Kloster des San Francesco durch eine weite, fast menschenleere Tal- und Gipfelnatur nähern möchte. Gleich nach dem **Viadukt** über dem Tessino-Tal, der mit seinen zehn turmhohen Bögen zu einem Spoleto-Wahrzeichen wurde, hält man sich nicht rechts zum Weg Nr. 1, sondern links. Man folgt nordöstlich dem Waldpfad über der tiefeingeschnittenen Fossa di Valcieca – mit bestem Ausblick auf die wuchtige **Rocca**, die Kardinal Albornoz im 14. Jh. errichten ließ, zur Zeit des Avignon-Exils der Päpste, um deren Macht im Kirchenstaat zu erhalten. Nach etwa 20 Min. an einer Linkskehre auf das verwaschene rote Wegzeichen achten und auf den Waldweg rechts bergan wechseln! Efeu umrankt die Bäume über samtigen Moospolstern, das Tal ist erfüllt von dichtem Grün. Nach einer knappen Stunde hat man die blockhafte Kuppe des Castelmonte im Blick. Man quert den Talgrund und das oft trockene Bachbett auf einem steilen Karrenweg. Der Aufstieg zur Paßhöhe durch Eichen-, Hainbu-

chen- und Kieferngehölz ist nicht zu verfehlen, wenn man die Südrichtung einhält, stellt einen aber immer aufs neue vor unbezeichnete Wegteilungen. Erst zwei Stunden nach dem Aufbruch ist von den Straßen an den Kammhöhen wieder das erste Autogeräusch vernehmbar.
Der **Castelmonte-Gipfel** (1038 m) hebt sich östlich über dem Paß, die Forcella di Castelmonte. Reste mittelalterlicher Bauten deuten darauf, daß diese Paßhöhe einst als Übergang zur Valnerina wichtig war. Heute ist der Castelmonte ein stiller Rastplatz mit großartiger Rundumsicht, nur ein Hirte mit seinen Schafen quert den Hang.
Nach Monteluco kann man vom Paß aus im Wald eine Traverse in Nordwestrichtung suchen. Leichter ist es, erst südwestlich, dann westlich zur Kammhöhe zu wandern. Dort trifft man auf die neu ausgebaute, sehr wenig befahrene Asphaltstraße, die von Patrico nördlich an den Gipfelkuppen des Monte Termini (1079 m) vorbei und dann in Serpentinen hinab auf das Dorf **Le Porelle** (876 m) zuführt. Beim Bergabwandern (einige Serpentinen kann man über die Almwiesen abkürzen) bieten sich schöne Ausblicke auf die bergumkränzte umbrische Ebene, bis hin nach Assisi.
Ein stimmiger Ort des Heiligen aus Assisi ist auf dem waldgrünen Gipfel des **Monteluco** zu erleben: das **Santuario di San Francesco**, 1218 von ihm selbst als eines der ersten Klöster seines neuen Ordens gegründet. Einige Zellen, eine Kapelle und das jüngere Oratorium links vom Eingang sind noch erhalten, in Selbstbescheidung und

Nur Schafherden und manchmal einem Wanderer begegnet man in den Bergen östlich vom vielbesuchten Monteluco – wie zu San Francescos Zeiten.

Der elegante Ponte delle Torri, die »Brücke der Türme«, wurde im 14. Jh. erbaut – 230 m lang und 80 m hoch, ein faszinierendes Stück Mittelalter.

Frieden. Abseits im Wald der Aussichtsplatz »Belvedere« und der antike »Waldschutzstein« mit der umbrischen »Lex Spoletina«. Außerdem gibt's Picknickplätze, Restaurants, Hotels. Der Abstieg nach Spoleto beginnt an der Monteluco-Wiese.

Informationen zur Tour

Ausgangsort

Ponte delle Torri (direkt unterhalb von Spoletos Rocca)

Anfahrt

Pkw: Die Rocca ist als höchster Punkt Spoletos gut anzusteuern. An der Rocca Parkplätze
Bus: Innerstädtischer Ringverkehr

Zielpunkt und Rückfahrt

Rundwanderung zum Monteluco. Vom Monteluco verkehren in der Saison auch Busse nach Spoleto

Einkehrmöglichkeiten

Mehrere Restaurants auf dem Monteluco. Für den langen Weg Verpflegung und Getränk mitnehmen!

Öffnungszeiten

Santuario di San Francesco auf dem Monteluco tgl. 9 – 12.30 und 16 – 18 Uhr, außer zur Zeit der Messe

Unterkunft

Ferretti*, auf der bewaldeten Höhe des Monteluco, Loc. Monteluco, 20, Tel. 0743/4 98 49, Fax 22 23 44. Das Hotel Gattapone ***/**** liegt nobel über dem Tal direkt beim Ponte delle Torri (Via del Ponte, 06049 Spoleto, Tel. 0743/22 34 47, Fax 22 34 48). Auch mehrere Agriturismo-Betriebe

Auskunft

Siehe Tour 18

Karte

Siehe Tour 18, außerdem Faltblatt »Spoleto – Guida dei Sentieri e Passegiate«, vom Club Alpino Italiano und der Azienda di Promozione Turistica, mit Wegskizze 1:25 000

Variante

Statt des Direktabstiegs vom Monteluco kann man dem Weg Nr. 1 in weitem Bogen über den Weiler le Aie, den Sasso forato (»durchlöcherter Felsen«, Taschenlampe erforderlich!) und die Kirche San Giuliano nach San Pietro folgen. Die freundliche Trattoria bei San Giuliano ist Do geschlossen

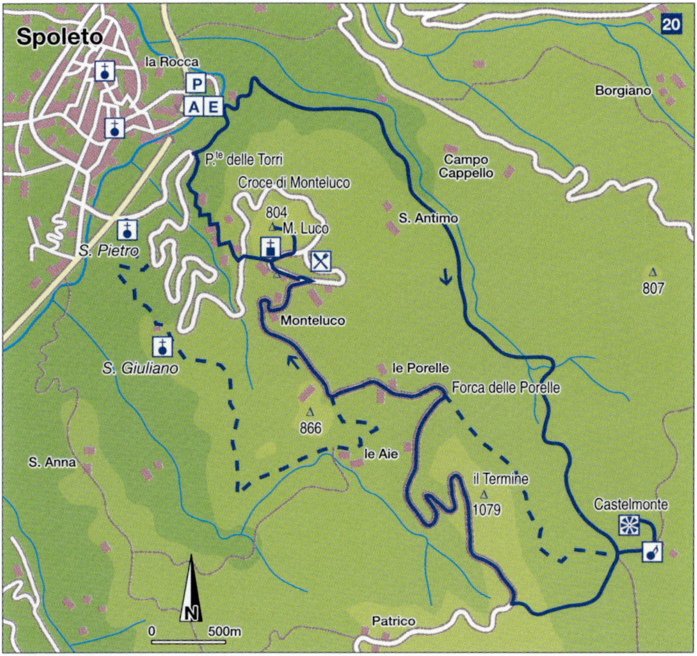

21 Kammwanderung hoch über Trevi

Tourenlänge
14 km

Durchschnittliche Gehzeit
4 1/2 Std.

Etappen
Costa San Paolo – Monte Serano 4,5 km – Monte Brunette 3 km – Costa San Paolo 6,5 km

Steigung
720 m

Interessantes am Weg
Schönste Ausblicke auf den markanten Stadthügel von Trevi und zur Apennin-Kette, Stadtrundgang Trevi

Wegcharakter
Wald- und Almenwanderung, teils auf weißer Straße, teils auf Pfaden, mit genußreichem Kammweg

Wegmarkierung
Streckenweise rotweißrot, anfangs Nr. 15 »Dorsale Foligno – Spoleto«, dann SC, »Sentiero dei Castellieri«

Bergeinsamkeit: Monte Serano und Monte Brunette

Trevi ist umbrischen Ursprungs, hat Mauern aus römischer Zeit und einen vollständig erhaltenen mittelalterlichen Mauerring. Die Altstadt ist eine der urtümlichsten Umbriens, mit ihren Torbögen, steilen Gassen, verschlossenen Adelspalästen und einem einzigen Platzgeviert, der Piazza Mazzini. Dort erinnert der Palazzo Comunale an die Unabhängigkeit der Stadtrepublik, die immer gegen Spoleto und Foligno verteidigt werden mußte. Der einstige Dom Sant'Emiliano, ein Kreuzkuppelbau, im Kern aus dem 15. Jh., und die noch ältere Kirche San Francesco lohnen den Besuch, wunderschön sind die immer neuen Ausblicke in die Landschaft.
In Trevi enden die Langwanderwege »Sentiero degli Ulivi« (SU, von Spoleto, 27 km) und »Sentiero dei Castellieri« (SC, von Giano Umbria beim Monte Martano, 100 km, 8 Etappen).
Unser streckenweise markierter Wanderweg zum Monte Serano (1429 m) führt vom Dorf Costa San Paolo auf weißer Straße stetig aufwärts, zumeist im Waldschatten. Romantisch schön liegt der Stadthügel von Trevi unter uns, bekrönt vom Campanile Sant'Emilianos. Kurz vorm Sattel zwischen Monte Serano und dem südlicheren Gipfel Pradafitta (1261 m) erfreuen hohe Buchenstämme.
Zur Gipfelhöhe des Serano weist am Sattel ein rotes Zei-

Wo gibt es schönere Hügelstädte als in Umbrien? Trevi hat den Charme eines gepflegten Alters, im Stadtkern noch kaum von Tourismus und Moderne verändert.

chen: weglos den Hang hinauf zu den Fernmeldetürmen auf dem Kamm! Den Gipfel selbst hat die Telecomunicazione mit ihren Bauten verschont, von dort an erwartet den Wanderer eine Kette von Aussichtshöhen, die uns erst in nordwestlicher, dann in nordöstlicher Richtung über Almwiesen bis zum Monte Brunette (1422 m) führen. Die Monti Sibillini haben höhere, dramatischere Gipfel aufzuweisen, doch hier ist in ungestörter Naturstille immer der Doppel-Ausblick nach Westen in die Ebene, in die »Valle Umbra«, und zugleich nach Osten über kaum zählbare Täler und Höhen zur Apenninen-Kette zu erleben, ein großes Landschaftsbild. Auch die weidenden Pferde und Rinder gehören zu diesem Panorama. Baumgruppen wachsen bis zum Kamm herauf und halten windgeschützte Plätze mit Fernsicht für Picknickstunden bereit. Sanft federt unter jedem Schritt der Almboden. Vom Monte Brunette führt der *»Sentiero dei Castellieri«* südwestlich, dann westlich zu den Coste-Dörfern hinunter, die »SC«-Zeichen sind aber nicht überall zu finden. Auf lange, für den Autoverkehr angelegte Serpentinen trifft man weiter unten, die schätzt der Wanderer jedoch wenig. Will man also den Kammweg nicht wieder zurückgehen, traut man sich vielleicht den Querfeldein-Abstieg zu. Vom Monte Brunette geht man dazu am besten südwestlich zurück bis zum Einschnitt vorm Colle Martorello (kenntlich am kreisrunden Wasserbecken), von dort dann erst über Almen, dann durch Buschwald talwärts, erst nordwestlich, dann südwestlich. Früher oder später trifft man auf die weiße Straße nach Costa San Paolo.

Informationen zur Tour

Ausgangsort

Costa San Paolo (747 m), bei Trevi

Anfahrt

Pkw: Trevi liegt halbwegs zwischen Foligno und Spoleto oberhalb der Via Flaminia (Nr. 3). Costa San Paolo wird über die Höhenstraße von Trevi nach Foligno/Spoleto erreicht, Abzweig am östlichen Ortsrand (ausgeschildert, etwa 4 km). Von dieser schmalen Asphaltstraße nicht links abbiegen, sondern der Rechtskurve folgen. Am Ortseingang eine hohe Kastanie und eine Zypresse, dort parken

Bus/Bahn: Mehrere Verbindungen täglich von Foligno und Spoleto nach Trevi. Nach Costa per Anhalter oder zu Fuß. Busverbindung Trevi – Stazione Trevi

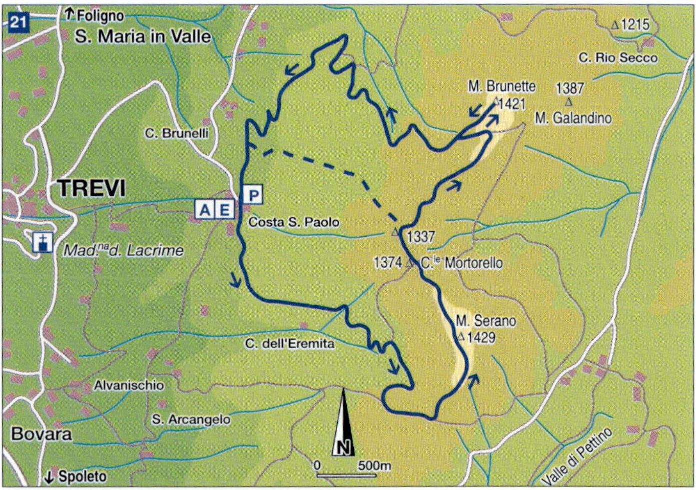

Zielpunkt und Rückfahrt
Rundwanderung zum Monte Brunette

Einkehrmöglichkeiten
Für die Wanderung muß man sich mit Verpflegung und Getränk versorgen, in Trevi hat man Auswahl, z. B. die Osteria La Vecchia Posta*, Piazza Mazzini, 14, Tel. 0742/38 16 90, oder Ristorante Maggiolini**, Via San Francesco, 20, Tel. 38 15 34

Unterkunft
Il Terziere*, Via Coste, 1, 06039 Trevi, Tel. 0742/7 83 59, Fax 7 83 59, mit Garten, auch angenehmes Restaurant

Auskunft
Ufficio Informazione Turistiche, 06034 Foligno, Porta Romana, Tel. 0742/35 44 59 und 35 41 65. Das Pro Loco in Trevi fanden wir verschlossen

Karte
IGM. Blatt Trevi, 131, I SO

Variante
Zum kostbarsten Kunstbesitz Trevis wandert man aus dem Mauerring hinaus, von der modernen Piazza Garibaldi östlich des Centro Storico über die Via delle Fonti nach Südosten, und findet in der Klosterkirche Madonna delle Larcrime das letzte Meisterwerk Peruginos: eine Anbetung der Hl. Drei Könige vor einer Landschaft von erlesener Zartheit

Zwischen der Valle Umbra und der Apenninen-Kette im Osten bieten die Kammwege über Trevi großartige Fernsichten. Foto: am Monte Serano.

22 Im Land von Wein und Wundern

Tourenlänge
5,5 km

Durchschnittliche Gehzeit
2 Std.

Etappen
Fabbri – Madonna della Stella 3 km – San Luca 1 km – Fabbri 1,5 km

Steigung
50 m

Interessantes am Weg
Das Weingut Rocca di Fabbri, Santuario von Madonna della Stella

Wegcharakter
Leichte Rundwanderung durch Rebengelände, Felder und Dörfer der Valle Umbra. Nach Regen ist wegen des schweren Bodens in den Weinbergen robustes Schuhwerk unentbehrlich

Wegmarkierung
Keine

Vom Weinort Fabbri nach Madonna della Stella

Unter Umbriens Rotweinen hat der Rosso di Montefalco einen Spitzenruf. Zum Montefalco-Gebiet gehört die kleine Hügelstadt **Fabbri** mit den Resten eines mittelalterlichen Kastells, vierschrötigem Turm und dem nach dieser Burg benannten Weingut Rocca di Fabbri. Weil die Weine dort auch direkt verkauft werden, leiten etliche Wegweiser die potentiellen Kunden durch den Ort.
Als Wanderer quert man das Betriebsgelände und trifft auf eine breite Wegschneise durch das sanft geneigte Rebengelände. Westlich am Horizont erhebt sich die Silhouette der Hügelstadt Montefalco. Gelächter klingt im Herbst über die Rebreihen; so hart die Arbeit der Weinlese ist, Männer und Frauen sind lustig dabei.
Glücklicherweise ist umbrische Landwirtschaft noch nicht zur totalen Agroindustrie verkommen, Winzer und Bauern halten sich auf ihre »prodotti tipici« viel zugute, vom Wein über die Oliven bis zu Käse und Wurst. Eher kleinteilig sind die Grundstücke, auf dem Weg nach Madonna della Stella steht man immer wieder an Verzweigungen. Trotzdem nicht verzagen, notfalls nach Madonna della Stella fragen!
Fast schon am Talgrund angekommen, wendet man sich erst links, nach etwa 50 m wieder rechts und stößt bei einer großen Pappel auf einen Karrenweg. Dort links an den Reben entlang, unter Baumschatten.

Der Weg wendet sich nach einer Kurve an einer Kreuzung erst westlich (nach rechts), dann südlich (nach links), mit Ausblick bis zum Monte Coscerno über der Valnerina und auch zur Rocca von Spoleto. Auf der weißen Straße kommt man an einem umwachsenen Anwesen vorbei, rechter Hand begleitet ein Graben die schmale Straße. Der Graben wird bei einem nächsten Anwesen über eine Brücke gekreuzt. Nun ist der Turm von Madonna della Stella südlich schon im Blick, man entfernt sich von dem Graben und kommt auf die Asphaltstraße.

Die Kirche von **Madonna della Stella** ist ein Santuario besonderer Art, sie erinnert an die Marienerscheinungen eines Fünfjährigen im Jahr 1862. Mit Spenden aus ganz Italien wurde in den folgenden Jahren die Kirche erbaut, ein Zeichen katholischer Frömmigkeit in der damals auch in Italien schwierigen Ära des Vatikans. Verehrt wird im Santuario inmitten von Marmor und goldenem Strahlenkranz jenes Marienbild aus dem 16. Jh., das dem fünfjährigen Federico Cionchi zur Vision der lebendigen Gottesmutter geworden war. Der Rückweg nach Fabbri führt über den kleinen Ort **San Luca**, auch dort kann man an Privathäusern Marienstatuen sehen. Wenn noch Platz im Wagen sein sollte, lädt man beim **Weingut Rocca di Fabbri** vielleicht einige Flaschen ein, Wein von den Rebhängen, die man durchwandert hat. Der »Rosso di Montefalco«, der »Satiro«, der

Im Weinland um Montefalco erfuhr ein Kind eine Marienerscheinung. Pilger kamen, und aus zahllosen Spenden entstand die Kirche der Madonna della Stella.

»Grecchetto« sind zu empfehlen, und kosten sollte man auch, weil der Kellermeister ihn besonders hochschätzt, den »Sagrantino di Montefalco« und den hauseigenen Grappa.

Informationen zur Tour

Ausgangsort

Fabbri, 6 km westlich von Trevi, Weingut Rocca di Fabbri

Anfahrt

Pkw: Über Borgo Trevi (resp. Stazione Trevi, siehe Tour 21)
Bus: Linie 17 Foligno – Bastardo, fährt Borgo Trevi, Fabbri, San Luca, Madonna della Stella (aber geringe Frequenz!)

Zielpunkt und Rückfahrt

Rundwanderung nach Madonna della Stella

Einkehrmöglichkeiten

Einfaches Restaurant bei der Wallfahrtskirche in Madonna della Stella

Unterkunft

In Trevi, siehe Tour 21, oder in Montefalco, z. B. elegant in der Villa Pambufetti****, mit Park und Swimmingpool, Tel. 0742/378504, Fax 79245

Karte

IGM, Blatt Montefalco, 131 IV SE

Sehenswertes in der Umgebung

Wenige Kilometer nordwestlich liegt das Weinbauzentrum Montefalco, eine Hügelstadt mit hervorragender Sammlung von Renaissancekunst im Museo Civico in der ehem. Kirche San Francesco. Nördlich von Montefalco: Ein wenig bekanntes umbrisches Stadtjuwel ist Bevagna mit seinen antiken Bauten und Mosaiken. Wer diese Orte erwandern will, ist allerdings oft auf Asphaltstraßen mit Verkehr angewiesen

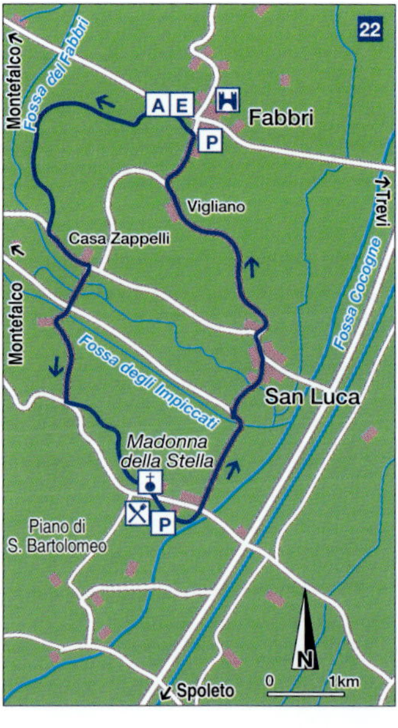

23 Der Steilfels über der Mönchsklause

Tourenlänge
10,5 km

Durchschnittliche Gehzeit
4 Std.

Etappen
Pale – Eremo di Santa Maria Giacobbe 0,5 km – Gipfel Sasso di Pale 5 km – Sostino 2,5 km – Pale 2,5 km

Steigung
500 m

Interessantes am Weg
Mauern der Talfeste Pale, Eremo di Sta Maria Giacobbe in extremer Lage, Kirche San Michele im Dorf Sostina

Wegcharakter
Felssteige und steile Waldpfade fordern Trittsicherheit und Kondition. Erholsamer Abstieg vom Aussichtsgipfel

Wegmarkierung
Aufstieg durch den klammartigen Bachgraben gut markiert, an entscheidenden Stellen allerdings verblaßte Zeichen

Um den Felsen des Eremo: Sasso di Pale

Vom Schwerverkehr, der heute durch die liebliche Landschaft der Val di Chienti donnert, ist man in Pale rasch entfernt. Wir wählen aber nicht die steilen Gassen, die tief in den Talgrund und zu den Wasserfällen Cascate del Menotre führen, sondern wandern auf die sturzsteile Felswand mit der vogelnestartigen Architektur des Eremo zu, unter gigantischen Steinschlag-Schutznetzen. Rechts hinauf, streckenweise sichern Geländer den Treppenweg. Santa Maria Giacobbe bewahrt in seinem Kirchlein Fresken umbrischer Schule um 1400. Die Treppen wieder hinunter, aber nur knapp zehn Minuten: Ein verwaschenes rotes Zeichen und ein Pfeil weisen auf einen Felspfad rechts am Hang. Erkennbar ist die Stelle auch daran, daß gerade hier ein Geländerabschnitt an gemauerten Stufen endet. Hoch über dem Talgrund führt der Steig nordöstlich um den Berg, scheint sich dann unversehens zu verlieren – bis man das aufwärtsweisende Farbzeichen entdeckt hat und unter prächtigen Steilwänden den schmalen Pfad durch den Buschwald gefunden hat.
Die nächste Stunde kostet Anstrengung, auf steilem Anstieg durch ein Schotterbett und auf einem ebenso steilen Waldpfad. Die Markierung ist deutlich, streckenweise wäre auch eine Machete nützlich. Etwa anderthalb Stunden nach dem Verlas-

sen des Eremo gewinnt der Pfad einen Wiesenhang mit Viehtränke und setzt sich in einem Schottergraben fort. Um ein Aufforstungsareal herum führt ein Karrenweg auf eine weiße Straße und diese in Kurven zum Gipfel des Sasso di Pale. Kreuz und Sendetürme, das Symbol christlicher Botschaft und die Instrumente der modernen Kommunikation, besetzen nebeneinander die Höhe. Großer Rundblick bis hin zu den Monti Sibillini im Südosten.
Zum unschwierigen Abstieg hält man sich auf der weißen Straße nördlich. Nach einer Viertelstunde stößt sie auf eine andere, von Westen kommende. Jetzt auf dieser weiter östlich gehen und auf einen grünüberwachsenen Pfad unterhalb der Straße wechseln! Man sieht linker Hand ein gelbes Farbzeichen, kommt an einer zementierten Viehtränke

Unter der Steilhöhe des Sasso di Pale breitet sich die fruchtbare Val di Chienti aus.

vorbei und kann dem Schotterpfad talwärts folgen, die Häuser von Sostino zwischen Wein- und Obstgärten bald im Blick. Die Kirche San Michele zeigt eine stattliche Renaissancefassade und barocke Altargemälde.
Zurück nach Pale führt die kaum befahrene Asphaltstraße, von der man in einer Linkskurve auf einen Sandweg zwischen Oliven und Eichen wechselt. Rechter Hand ein Marienbild, nach zehn Minuten ist man an der Piazza del Castello in Pale.

Informationen zur Tour

Ausgangsort

Pale (476 m), etwa 10 km östlich von Foligno

Anfahrt

Pkw: Von der Via Flaminia (Straße Nr. 3) an der Abzweigung nach Colfiorito und Macerata (Straße Nr. 77) östlich

Bus: Linie Nr. 19, Foligno – Annifo

Zielpunkt und Rückfahrt

Rundwanderung nach Sasso di Pale (958 m)

Einkehrmöglichkeiten

Bars in Sostino und in Colle San Lorenzo, 3 km westlich; in Ponte S. Lucia neben dem Ristorante des Guesia

Hotels auch Ristorante Da Angelo, mit Lebensmittelladen

Öffnungszeiten

Schlüssel zum Eremo bekommt man in Pale bei der Familie Laureti, Via Belfiori 14 – falls man sie antrifft

Unterkunft

Große Auswahl in Foligno;
1 km östlich von Pale das Guesia Hotel***, Ponte S. Lucia, 46, 06030 Foligno (PG), Tel. 0742/31 15 15, Fax 66 02 16, mit Park und Pool

Auskunft

Ufficio Informazione Turistiche Foligno, siehe Tour 21

Karte

IGM, Blatt Foligno, 131 I NO. Die Kompasskarte Blatt 665 Assisi – Camerino ist nicht sehr hilfreich (1: 50 000)

Variante

Von Pale bietet sich die leichte Wanderung zur Abbazia di Sassovivo an, einem Benediktinerkloster aus dem 12.–15. Jh., das heute von der Comunità Jesus Caritas del Padre De Foucauld bewohnt wird. An Gebeten und Messen kann man teilnehmen (Tel. 0742/35 06 20 in Foligno, 0742/35 63 97 Sassovivo). Das Kloster zwischen Waldbergen und Olivenhügeln hat einen besonders schönen Kreuzgang mit marmornen Säulenpaaren und der 1360 gestifteten Zisterne. Etwa 100 m nördlich liegt die wegen Baufälligkeit nicht betretbare Krypta des Beato Alano aus dem 11. Jh., dort kommt man auch nach dem 3 km langen Weg von Pale an (ausgeschildert Nr. 60, Percorso del Sassovivo). Busverbindung Foligno – Uppello, an der Abzweigung nach Sassovivo aus- oder einsteigen

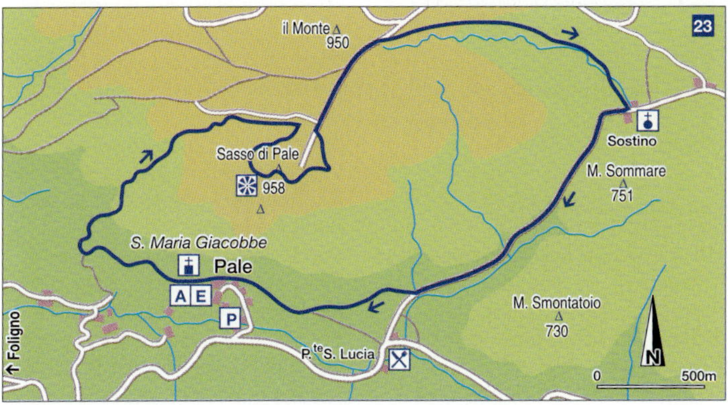

24 Ein Tag am Monte Subasio

Tourenlänge
18 km

Durchschnittliche Gehzeit
6–8 Std.

Etappen
Spello – Collepino 6,5 km – Madonna della Spella 1,5 km – Monte Civitelle 3 km – Eremo delle Carceri 4 km – Assisi 3 km

Steigung
950 m

Interessantes am Weg
Außer Spello und Assisi die alten Klöster San Silvestro und Eremo delle Carceri mit seinem Waldpark

Wegcharakter
Langer, aber unschwieriger Anstieg auf Asphalt- und weißen Straßen, in der Höhe Wald- und Wiesenpfade. Großer Ausblick!

Wegmarkierung
Nr. 64, 52, 50, 60 und wieder 50, Markierung lückenhaft

Von Spello nach Assisi

Mit Assisi und Spello zu seinen Füßen, mit der Vielzahl von Klöstern und alten Kirchen, den dichten Wäldern und weiten Gipfelalmen, wechselnd im Glanz blauen Sommerhimmels und sichtlos verhüllt von Nebel und Wolken, ist der Monte Subasio (1290 m) wie ein großer Spiegel Umbriens. Pilger- und Touristenscharen, Reiter und Pilzsammler kommen hinauf, um das umbrische Panorama von Perugia bis zum Gran Sasso zu erleben, aber in den Wäldern wandert man auch einmal stundenlang allein. Kenner schlagen immer andere schönste Wandertouren vor. Die unsere füllt einen runden Tag, mit Rastzeiten. Vielleicht geht auch einmal der Weg verloren, wegen mangelnder Markierung.
Als Ausgangspunkt in **Spello** ist das **Tor »Portonaccio«** im Süden günstig, weil es mit dem Wagen wie von der Bahn leicht erreichbar ist und innerhalb Spellos das Parken mühsam wird. Wenn man in Spello sein Quartier hat, kann man aber auch jeden anderen Ausgang von der östlichen Stadtseite zum Nachbarort **Collepino** (600 m) nehmen. Collepino liegt bilderbuchschön über dem Chiana-Tal (rotes Wegzeichen Nr. 64), statt der Asphaltstraße finden Kundige auch Feldwege.
Von Collepino geht es weiter in Richtung Amenzano, aber schon nach etwa 100 m zweigt links der Wanderweg Nr. 52 zur Klosterkirche San Silvestro (Piccole Sorelle di Maria) und nach **Ma-**

donna della Spella (978 m) ab, wo im Mittelalter ein Hospiz eingerichtet war. Gut 2 km nach Madonna della Spella erreicht man eine Wegkreuzung und folgt nun der Nr. 50 und dem *»Percorso del Mortaro«*. Der **Mortaro Grande** ist eine tiefe Doline nahe dem Gipfel des Monte Civitelle (1261 m), eine kleinere nordöstlich heißt Mortalaio. Zwischen beiden verläuft der Weg, der als weiße Straße zu den Antennen unter dem Gipfel führt. Links halten, am Zaun entlang, und dann bergab zu einer Viehtränke. Mit Glück findet man das Kreuz mit der Inschrift »Sasso Piano«. Weiter unten trifft man auf den Weg Nr. 60 mit dem Hinweis »Eremo delle Carceri«.

Sowohl der Weg Nr. 50 wie der 60er, auch »Sentiero degli Ulivi« genannt, führen von den offenen Almen in den Wald hinab zum »Eremo«, wir haben allerdings weder am einen noch am anderen Olivenbäume entdeckt. Falls es Wegfindungsschwierigkeiten gibt, kommt man auf den weißen Straßen – der Pfad quert sie mehrfach – auch zum Ziel.

Das Santuario **»Eremo degli Carceri«** in einer Waldschlucht ist mit Grotten und Höhlen wohl schon sehr früh ein Ort frommer Einsiedler gewesen. San Francesco meditierte und betete in winzig schmaler Zelle, erst später wurde das Kloster an diesem Ort voll Ruhe und Frieden ausgebaut, blieb aber in stimmigen Dimensionen. Der umzäunte Park über der steilen Tiefe des **»Buco del diavolo«** (= Teufelsloch) hat besonders schöne alte Bäume und Andachtsplätze. Nach Assisi die Straße wieder etwa 400 m hinaufgehen und dann links auf den Weg Nr. 50 abbiegen. Noch einmal gibt es schönste Fernblicke.

Informationen zur Tour

Ausgangsort
Spello (280 m), »Tor Portonaccio«

Anfahrt
Pkw: Von Perugia Schnellstraße, Ausfahrt Spello, Richtung Centro Città, bis zum Stadttor »Portonaccio« mit großer Tafel »Splendidissima Colonia Julia«
Bus: Viele Verbindungen, bei Bahnanreise auch von der Stazione

Zielpunkt und Rückfahrt
Assisi, Porta Cappuccini. Dort an der Piazza Matteotti auch Busterminal

Einkehrmöglichkeiten
In Collepino Bar und kleines »Cucina Casalinga«-Restaurant. Verpflegung und Getränk mitnehmen!

Unterkunft
Hotels, Pensionen, Campingplätze, in Assisi auch Jugendherbergen und Aufnahme in Klöstern. Mehrere schöne Agriturismo-Betriebe, z. B. Malvarina**, Loc. Malvarina, 06080 Assisi (PG), Tel. und Fax 0 75/ 8 06 42 80. Rustikal stilvoll, mit abendlicher Tischgesellschaft der Gäste am Kamin. Großer Garten, Ausritte

Auskunft
Pro Loco, Piazza Matteotti, 3, 06038 Spello (PG), Tel. und Fax 0 75/30 10 09 und 65 14 08

Karte
Carta dei Sentieri del Monte Subasio, hg. vom Club Alpino Italiano, Sez. Foligno, 1: 20 000

Variante
Viele reizvolle Wege am Monte Subasio, u. a. zu dem Kirchlein San Antonio bei Capodaqua (Weg Nr. 56) oder zu den Dörfern über dem Tescio-Tal im Norden und Osten (Weg Nr. 51, Sentiero Francescano). Spello selbst ist einer der architektonisch und künstlerisch reichsten Orte Umbriens, wunderschön gelegen zwischen Zypressentälern und Ölbaumhügeln

Ein Ort, der durch den Aufenthalt des San Francesco geheiligt wurde: der Eremo delle Carceri.

25 Assisi erwandern

Tourenlänge
5–6 km

Durchschnittliche Gehzeit
2 Std.

Etappen
Porta San Pietro – Basilika San Francesco 0,4 km – Piazza del Comune 1 km – Kirche Santa Chiara 0,5 km – Dom San Rufino 0,6 km – Teatro Romano 0,4 km – Rocca Maggiore 0,6 km – Kirche San Stefano 0,8 km – Kirche Santa Maria Maggiore 0,5 km – Porta San Pietro 0,8 km

Steigung
150 m

Eignung für Kinder
Schon für 6–8jährige, wenn man mit ihnen Assisi »in kleinen Portionen« erkundet

Interessantes am Weg
Außer den genannten Wegstationen noch eine Vielzahl historisch und künstlerisch hervorragender Stätten: u. a. der ehem. Minerva-Tempel, die Pinacoteca Comunale, das Elternhaus des San Francesco

Wegcharakter
Stadtwanderung mit vielen Besichtigungen – Neugierige brauchen einen zweiten Tag

Wegmarkierung
Keine

Von Römersteinen bis zu San Francesco und Santa Chiara

Diese Stadtwanderung hat ihre besonderen Reize – zwischen Klostergärten drunten und Rocca droben ist das historische Stadtbild weithin unverfälscht, dem Verkehr entkommt man viel leichter auf ruhigere Seitenstraßen als in Perugia oder Spoleto, und nötigste Erläuterungen zu den einzelnen Kirchen und Denkmälern bietet schon das Gratisfaltblatt vom Verkehrsamt an der Piazza del Comune. Unser Wegvorschlag führt zu den wichtigsten Stätten, aber auch an Plätze, wo man sich vom Schauen ausruht.

Mit der **Doppelkirche San Francesco** (1) zu beginnen, ist schon darum richtig, weil man so die Fülle der Kunstwerke um das Grab des Assisi-Heiligen mit unverbrauchter Kraft wahrnehmen kann. Die *Via San Francesco* führt zum **Getreidelager** aus dem 13. Jh. (2, Monte Frumentario) und weiter zur *Piazza del Comune*. Dort begegnet man den unterirdisch freigelegten Resten des römischen Forums (**Museo Civico**, 3), den schon von Goethe bewunderten Säulen des **antiken Tempels**, der nach aktueller Archäologen-Meinung doch dem Herkules, nicht der Minerva geweiht war (4) und

Zum Gedenken an San Francesco wurde bald nach seinem Tod (1226) die Kirche San Francesco in Assisi erbaut. Foto: Blick in den Kreuzgang des Klosters.

der Pinacoteca Comunale im **Stadtpalast** (5). Südlich birgt die barocke **Chiesa Nuova** (6) der Überlieferung nach Reste von San Francescos Geburtshaus, davor steht seit den 80er Jahren das Denkmal der Eltern. Östlich auf freiem Platz die hochgotische **Kirche Santa Chiara** (7), mit ihrem 1850 wiederentdeckten Leichnam in der Krypta.
Der Weg hinauf führt zum Dom des älteren Stadtheiligen **San Rufino** (8), mit meisterlicher romanischer Fassade, zum **römischen Theater** (9) und in weitem Bogen zur **»Rocca«** (10), wieder eine jener umbrischen Festungen, die Kardinal Albornoz im 14. Jh. ausbauen ließ. Zuvor war sie eine staufische Feste, und der spätere Kaiser Friedrich II. ist als eben geborener Säugling zu Gast gewesen.
Wieder talwärts finden wir durch schmale Gassen zur romanischen **Kirche San Stefano** (11), heute ein »Ort franziskanischer Begeg-

nung« mit deutschen Mitarbeitern. Die *Via dei Seminari* kreuzend, die wir anfangs schon zur Piazza del Comune gegangen sind, dann links durch die *Via Antonio Cristofani* kommen wir zur *Piazza del Vescovado*, und wenn man Lust auf noch eine große Kirche hat, tritt man in Santa Maria Maggiore (12) ein, die Assisis Bischofskirche war, bis der Dom San Rufino sie ablöste. An der *Via San Apollinare*, die zur Porta San Pietro und zum Parkplatz zurückführt, liegen hinter hohen Mauern mehrere Klöster inmitten von Gartengrün. Im Monastero Santa Coletta kann man sich einquartieren, es ist eine »Casa religiosa di Ospitalità« und gewiß ein angemessener Aufenthalt für Wanderer, die das religiöse, meditative Assisi suchen.

Informationen zur Tour

Ausgangsort

Assisi, Porta San Pietro

Anfahrt

Pkw: Von Perugia Schnellstraße, Ausfahrt Assisi, zum Parkplatz San Francesco (Piazza Unità d'Italia)
Bus: Viele Verbindungen, bei Bahnanreise auch von der Stazione. In der Stadt Rundverkehr (2 Linien)

Zielpunkt und Rückfahrt

Rundgang, Rückfahrt wie Anfahrt

Einkehrmöglichkeiten

Auswahl für jede Brieftasche, z. B. Buca di San Francesco**, Via E. Brizi/Via Cristofani, 26, Tel. 075/812204, Mo geschlossen (auch Jan./Febr. und Juli) oder die

Von weit her sind sie ein Erkennungszeichen Assisis: die bogenförmigen Stützbauten der Kirche San Francesco und ihr Campanile.

familienfreundliche Trattoria La Rocca* oberhalb vom Dom, Via Porta Perlici, 27, Tel. 0 75/81 64 67

Öffnungszeiten

Museo Civico – Foro Romano, Via Portica, 16. März – 25. Sept. tgl. 10 – 13 und 15 – 19 Uhr, 26. Sept. – 15. März tgl. 10 – 13 und 14.30 – 17 Uhr; Pinacoteca Comunale, Piazza del Comune, wie Foro Romano; Rocca Maggiore mit Museo del Martirio e della Tortura, tgl. 10 Uhr bis Sonnenuntergang

Unterkunft

Von bescheiden bis Luxus: Ideale*, Piazza Matteotti, 1, Tel. 0 75/81 35 70, Fax 81 30 20 (mit Garten, aber Zimmer zur Straße vermeiden!); Umbra**, Via degli Archi, 6, Tel. 0 75/81 22 40, Fax 81 63 32 (zentral, komfortabel); Windsor Savoia***, Viale Marconi, 1, Tel. 0 75/81 22 10, Fax 81 36 59 (seit 1908, Panorama!)

Auskunft

Ufficio Informazione Turistiche, Piazza del Comune, 12, 06081 Assisi, Tel. 0 75/81 25 34, Fax 81 37 27; »Assisicard«: gratis für Gäste der Hotels im »Consorzio Albergatori«, starke Ermäßigungen beim Parken und in Museen

Karte

Übersichtsplan Assisi wird gratis im Verkehrsamt abgegeben

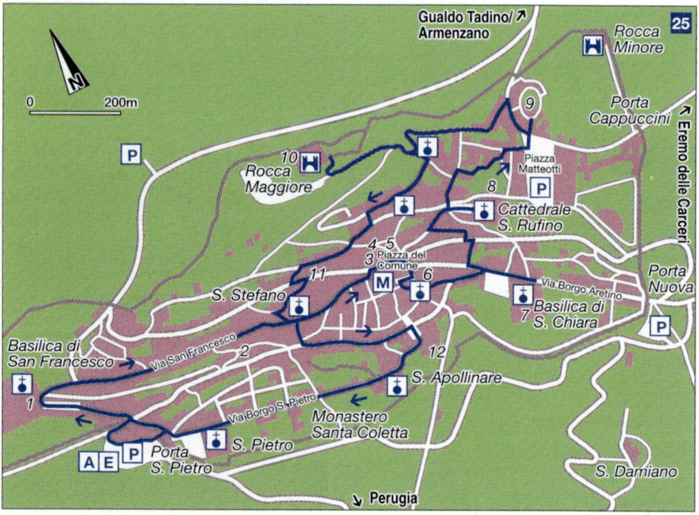

26 Auf der Spur des Heiligen

Tourenlänge
8,5 km

Durchschnittliche Gehzeit
3 Std.

Etappen
Assisi – Kloster San Damiano 1 km – Santuario di Rivotorto 2,5 km – Kirche Santa Maria degli Angeli 5 km

Steigung
Bei Rückfahrt mit Bus nur Bergabwanderung resp. im ebenen Gelände, sonst 200 m

Interessantes am Weg
Stätten von San Francescos Leben: siehe die drei Etappen

Wegcharakter
Abstieg in die Valle Umbra, Wanderung auf schmalen Straßen

Wegmarkierung
Keine

Franziskus-Wege um Assisi

Der Kaufmannssohn Giovanni Bernardone aus Assisi, der auf den väterlichen Reichtum verzichtete, einen neuen Mönchsorden gründete und schon zwei Jahre nach seinem Tod heiliggesprochen wurde, dieser San Francesco hat an mehreren Orten in nächster Umgebung von Assisi in großer Armut gelebt. Die Landschaft der Valle Umbra ist heute von Asphaltstraßen durchzogen, aber immer noch ländlich, mit Alleen und Gehölzen zwischen Weingärten und Maisfeldern. Wir haben erprobt, welche Wegstrecke möglichst abseits der vielbefahrenen Hauptstraßen am wanderfreundlichsten ist:

Zum Kloster San Damiano kann man zu Fuß hinabgehen, vom Parkplatz unterhalb der Porta Nuova am Ostrand von Assisi. In San Damiano empfing San Francesco 1206 im Gebet vor dem Kruzifix seine Berufung, hier lebte seine Freundin Klara mit ihren Ordensschwestern, den Klarissinnen, hier dichtete San Francesco zwei Jahre vor seinem Tod den »Sonnengesang«. Kirche, Kreuzgang und einige Räume des schon im 9. Jh. gegründeten, heute von Franziskanern bewohnten Klosters können besucht werden, ein Ort, an dem die äußere Ruhe auch innere bewirken kann. Westlich der Klosterzufahrt führt ein Pfad unterhalb der Straße bergab. Leider muß man bald auf die Asphaltstraße, südlich wird aber schon der Turm der

Wallfahrtskirche von Rivotorto sichtbar. Im Baumschatten führt die Straße an Gehöften auf die vielbefahrene Hauptstraße von Santa Maria degli Angeli zu, der man etwa 500 m bis Rivotorto folgt. Linker Hand an der Straße: ein penibel von der »Commonwealth War Graves Commission« gepflegter **Militärfriedhof** mit den Resten von fast 1000 Toten und einer Darstellung des Italienkrieges 1943–45. In **Rivotorto** lebte Francesco mit seinen Gefährten zwischen 1209 und 1211 und entwarf die Regel des Ordens, die erstaunlich rasch vom Papst gebilligt wurde. In der neugotischen Wallfahrtskirche sind die steinernen Katen nachgebildet, in denen die ersten Franziskaner damals hausten.

Um den zwar direkten, aber unangenehm lauten 3-km-Weg nach Santa Maria degli Angeli zu vermeiden, wendet man sich von Rivotorto wieder nördlich in Richtung San Damiano, steigt aber nicht zur Höhe hinauf, sondern folgt bei **San Giovannuccio** der baumbestandenen Straße nach links, in nordwestlicher Richtung über mehrere Kreuzungen hinweg. Die Kuppel von Santa Maria degli Angeli schon immer im Blick, wendet man sich kurz vor der größeren Stra-

San Damiano, heute von Franziskanern bewohnt, wurde zum Ort der Berufung San Francescos und zum Kloster seiner Freundin Klara und der Klarissinnen.

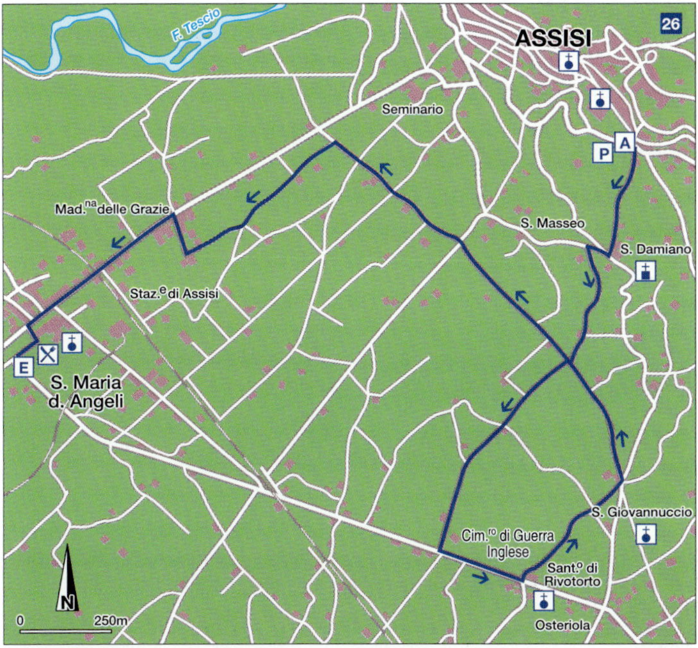

ße, die von Santa Maria degli Angeli nach Assisi hinaufführt, nach links.
Diese schmale weiße Straße, die *Via Giosue Borsi*, führt auf die riesige Wallfahrtskirche zu, doch muß man von dieser Straße in dem kleinen Ort **Madonna delle Grazie** noch einmal nach rechts auf die Hauptstraße wechseln, um die Bahnlinie zu überqueren. Etwa 200 m weiter ist man bei **Santa Maria degli Angeli**.

Der üppige Bau aus dem 16. Jh. ummantelt mit seinem Marmorprunk mehrere Stätten der Francesco-Verehrung: das Kirchlein Porziuncola, das San Francesco eigenhändig vor dem Verfall rettete, die Cappella del Roseto an der Stelle seiner ärmlichen Schilfhütte, die Cappella del Transitorio als Ort seines Sterbens am 3. Oktober 1226.
Von Santa Maria degli Angeli verkehren regelmäßig Busse

nach Assisi, falls man nicht zu Fuß zurückgehen will, das schöne Panorama der Mauern und Türme vor Augen.

Informationen zur Tour

Ausgangsort
Assisi, Porta Nuova (Parkplatz unterhalb)

Anfahrt
Pkw/Bus/Bahn: Siehe Tour 25

Zielpunkt und Rückfahrt
Santa Maria degli Angeli, Rückfahrt mit Bus

Einkehrmöglichkeiten
Restaurants und Bars in Santa Maria degli Angeli

Öffnungszeiten
Kloster San Damiano tgl. 10–12.30 und 14–18 Uhr, winters bis 16.45 Uhr

Unterkunft
Siehe Tour 25

Auskunft
Siehe Tour 25

Karte
IGM, Blatt Assisi, 123 III SE

Eine Baumallee und eine steinerne Treppe verbinden Assisi und das Kloster San Damiano – ein Weg, den Menschen aus allen Kontinenten gehen.

27 Grotten, Gipfel und Legenden

Tourenlänge
8 km

Durchschnittliche Gehzeit
3–3 1/2 Std.

Etappen
Albergo Monte Cucco (»Tobia«) – Startplatz der Drachenflieger 2,5 km – Grotta di Monte Cucco 1,5 km – Gipfel Monte Cucco 0,5 km – Albergo Monte Cucco 3,5 km

Steigung
500 m

Eignung für Kinder
Ab 6–8 Jahre, für Schwindelfreie geeignet

Interessantes am Weg
Traditionsreiches Albergo Monte Cucco (Baum in der Wirtsstube), begehbare Grotte, mit Führung Zugang zum Höhlensystem des Monte Cucco

Wegcharakter
Schöner Laubwald, vor der Grotte ausgesetzter Steig, Einstieg zur Grotte verlangt Gelenkigkeit

Wegmarkierung
Weg Nr. 1, Nr 2, Nr. 14, Nr. 15, Markierung lückenhaft

Zum Berg der größten Höhlen: Monte Cucco

Inmitten schönster Laubwälder liegt Val di Ranco, gut 1000 m hoch und heute eine kleine Streusiedlung aus Wochenend- und Ferienhäusern. Einer der ersten, die hier 1960 bauten, war Tobia Beni, ein Tischler aus Sigillo drunten im Tal. Tobia, den manche den Patriarchen des Monte Cucco nennen, obwohl er noch gar nicht im Patriarchenalter steht, ist Naturkenner, Geschichtenerzähler, fast ein Poet. Das von ihm gegründete Hotel »Monte Cucco« wird von seinem Sohn und seiner deutschen Schwiegertochter gastfreundlich geführt. Es gibt keinen besseren Beginn einer Wanderung im umbrischen Apennin, als Tobia beim Erzählen zuzuhören, wenn er von Quellen und Höhlen, Hexenfelsen und Waldtieren erzählt. Die über 1000 m Höhenunterschied im Berg weitverzweigten Höhlen des Monte Cucco bilden das fünftgrößte Höhlensystem der Erde. Unsere Wanderung führt zum Eingang der frei zugänglichen »Grotta di Monte Cucco«, die sich knapp 200 m unter dem Gipfel erstreckt. Der 27 m tiefe Abstieg über eine Eisenleiter ist sportlichen Wanderern leicht möglich, auch Kinder schaffen ihn. Für die Erkundung

dieser rund 600 m weiten, unbeleuchteten Höhle sollte man sich jedoch einer Führung anschließen.
Dank der Aktivität der Speläologen gibt es eine gute Wanderkarte des Monte-Cucco-Massivs und markierte Wege. Vom **Albergo Monte Cucco** geht es nordwestlich den Weg Nr. 1 erst talwärts, dann nach einer Wegschranke aufwärts am Hang entlang. Zu unauffällig ist das Zeichen des Wegs Nr. 2, der links scharf südwestlich den Waldhang hinaufführt, etwa 200 m vor der gefaßten Fonte Acqua Fredda (hat man sie erreicht, muß man zurückgehen). Bald sieht man die steilen Wände des Monte Cucco voraus, wandert dann über einer Talsenke mit Ausblick auf den Berghorizont und die Häuser von Val di Ranco. Der Pfad trifft auf eine Asphaltstraße (die weiter ausgebaut ist als aus dem Kartenbild erkennbar) und dort auf den **Startplatz der Gleitschirmflieger**. Wer nur zum Monte Cucco und nicht ins Val di Ranco will, könnte von Sigillo auch direkt hierher fahren und den Wagen parken.

Am Monte-Cucco-Massiv (1566 m): Unterhalb dieses Felstores führt ein Einstieg in eine der weitverzweigten Höhlen.

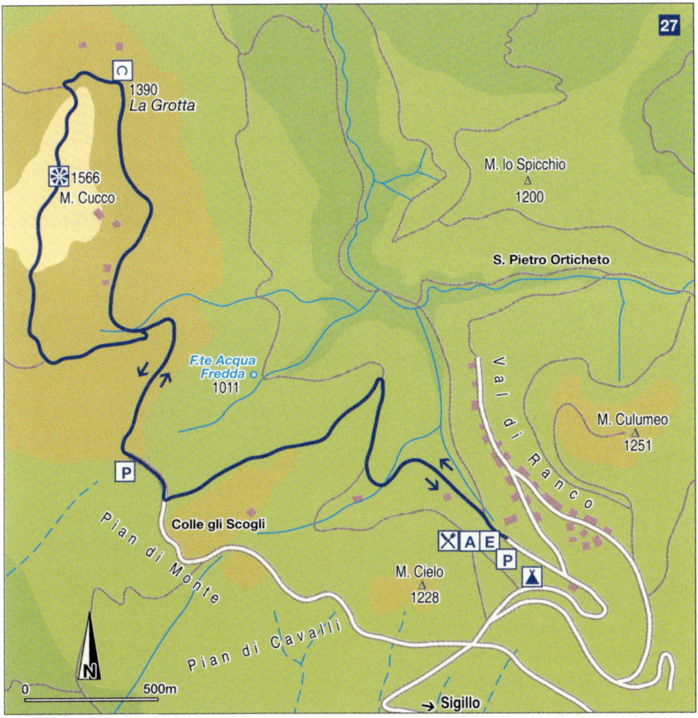

Über den Wiesenhang des Monte Cucco nördlich bergan kommt man auf eine weiße Straße. Man folgt ihr nach rechts, in gemächlichen Schotterkurven geht es weiter bergauf, durch ein Waldstück. Danach ist aus dem Karrenweg ein schmaler Pfad geworden, der den Steilhang in Nordrichtung quert und unversehens vorm Eingang zur **Höhle** endet. Gleich über der schwarzen Öffnung ist links ein niederer Durchlaß im Kalkfels: Dort setzt sich der Weg zum **Gipfel** fort (Nr. 14). Höhlendunkel oder Gipfelhelle oder beides? Für die Höhle braucht man eine starke Lampe oder Fackeln. Für den Gipfel wünscht man sich einen klaren Tag: denn bei guten Bedingungen reicht der Blick bis

zum Adriatischen Meer. Augen auf auch in kurzer Distanz: Im Kalkstein findet man an einigen Stellen winzige Fossilien.
Der Rückweg ist unproblematisch: vom Gipfelkreuz südwärts (Nr. 15) zum Startplatz der Gleitschirmflieger und auf gleichem Weg zurück zum Albergo Monte Cucco. Das Abendbrot wird schmecken – und wie oft sitzt man mit einem Baumstamm in der Wirtsstube, der seine Krone über das Dach breitet?

Informationen zur Tour

Ausgangsort

Albergo Monte Cucco (1048 m)

Anfahrt

Pkw: Von der Straße Nr. 3, der Via Flaminia, in Sigillo der mit »Val di Ranco« ausgeschilderten Abzweigung folgen (ca. 400 m vom nördlichen Ortseingang), ca. 10 km bis zum Albergo Monte Cucco
Bus: Keine Busverbindung Sigillo – Val di Ranco. Aufstieg von Sigillo zu Fuß oder Bus von Gubbio nach Scheggia, von dort etwa 15 km zu Fuß

Zielpunkt und Rückfahrt

Rundwanderung zur Grotta und/oder zum Gipfel des Monte Cucco (1566 m)

Einkehrmöglichkeiten

Albergo di Monte Cucco*, Val di Ranco/Sigillo/PG, Tel. 0 75/9 17 71 94. Sehr freundlich, deutschsprechend. Anfang Nov. – Ostern geschlossen. Einfacher, wenige hundert Meter entfernt: Cappelloni*, Tel. 0 75/9 17 71 31, Nov. – April geschlossen

Unterkunft

Siehe Einkehrmöglichkeit

Auskunft

Centro Nazionale di Speleologia, Corso Mancini, 9, 06027 Costacciaro, Tel. 0 75/9 17 02 36 und 9 17 05 09 (Juni – Sept.). Mitglieder des »Corpo Nazionale del Soccorso Alpino e Speleologica« führen in die Höhlen des Monte Cucco, in der Regel Gruppen von mindestens fünf Personen:
Stefano Tosti (professioneller Geologe), Tel. 0 75/9 25 52 14, Ubaldo Scavizzi, Tel. 0 75/9 27 34 45

Karte

Carta dei Sentieri Massiccio del Monte Cucco, hg. vom Centro Nazionale di Speleologica, 1982, 1:16 000 – die beste Wahl. Außerdem Kompass-Karte »Sentiero Europeo E1, Tratto Umbro«, Nr. 675, 1:50 000, und die alte IGM-Karte Blatt Costacciaro, 116 II SO, 1:25 000

28 Von Gubbio zum Berg des Stadtpatrons

Tourenlänge
10 km

Durchschnittliche Gehzeit
3 1/2 Std.

Etappen
Gubbio, Piazza della Signoria (Piazza Grande) – Basilika Sant'Ubaldo 2 km – Rocca und Gipfel Monte Ingino 0,5 km – Monte Ansciano 1,5 km – Kirche Madonna del Sasso 2,5 km – Gubbio, Piazza della Signoria 3,5 km

Steigung
500 m

Interessantes am Weg
Kirche und Kloster Sant'Ubaldo, Ruine der Rocca, Kirche Madonna del Sasso

Wegcharakter
Mäßig anstrengende Rundwanderung mit außerordentlich schönen Ausblicken

Wegmarkierung
Nur stellenweise

Über den Monte Ingino zur Ansciano-Schlucht

Umbriens berühmtestes Fest ist die Corsa dei Ceri, ein Bergrennen mit den Statuen der drei Stadtheiligen **Gubbios** hinauf zum Kloster Sant'Ubaldo. Der Serpentinenweg, auf dem die »Ceraioli« die Statuen auf zentnerschweren Gestellen, den »Ceri« berganschleppen, ist das erste Stück unserer Wanderung. Man erreicht ihn von der *Piazza di Signoria*, indem man zum Dom hinauf und weiter durch die *Porta Sant'Ubaldo* geht. Dort aber nicht geradeaus, sondern links den rotweißroten Zeichen folgend. Feierliche Zypressen und Dante-Zitate begleiten den Serpentinenweg, Seilbahnkabinen schweben vorbei. Das **Kloster** und die 1514 erbaute Kirche sind nicht zu verfehlen. In einem gläsernen Sarkophag liegt der mumifizierte Leib des Sant'Ubaldo. Farbige Fenster, 1922 von Franciscus Mossmeyer gemalt, stellen die Taten und Wunder des Heiligen dar, im Seitenschiff kann man die drei Ceri sehen.
Oberhalb des Klosters bietet ein Rundturm der **Rocca-Ruine** schönen Fernblick, wenige Minuten darauf auch der **Nordgipfel des Monte Ingino** über dem tiefeingekerbten Tal. Den Hang

Hoch über Gubbio am Monte Ingino wurde dem Stadtpatron Sant'Ubaldo im 16. Jh. eine neue Basilika gestiftet, mitsamt einem Kloster und schlichtem Kreuzgang.

östlich auf schmalen Pfaden hinuntergehen, die Straße queren, auf der die Busse zum Sant' Ubaldo fahren, und weiter den Schildern zum Picknickplatz »Parco Coppo« folgen! Von dort bietet sich ein Abstecher zum Monte d'Ansciano mit seinen Pferdealmen an. Auf dem Monte d'Ansciano hat man den besten Ausblick auf die Altstadt von Gubbio.

Der Rückweg führt durch die Buca d'Ansciano und ihre streckenweise prächtigen Felsen. Erst geht man zum Parco Coppo zurück, hält sich dort in Richtung Ost und Südost und muß achtgeben, daß man die Abzweigung in die Schlucht nicht versäumt. Notfalls nach dem Kirchlein Madonna del Sasso fragen, das am Wege durch die Schlucht liegt! Nur etwa eine Viertelstunde nach der kleinen Kirche kann man am Fuß der Berge und an der Autostraße nach Gualdo Tadino sein, nach weiteren zehn Minuten am Stadtrand von Gubbio (hier verkehren auch Busse).

Informationen zur Tour

Ausgangsort
Gubbio, Piazza di Signoria (510 m)

Anfahrt
Pkw: Von Perugia nach Gubbio auf der Straße Nr. 298, etwa 40 km. Parkplatz in Gubbio am günstigsten auf der Piazza 40 Martiri (gebührenpflichtig)
Bus: Verbindung u. a. mit Perugia

Zielpunkt und Rückfahrt
Rundwanderung zu Sant'Ubaldo, Monte Ingino (908 m) und Monte d'Ansciano (893 m)

Einkehrmöglichkeiten
Restaurant bei Sant'Ubaldo mit Pan-

oramaterrasse, Erfrischungen bei der Bar Coppo beim Parco Coppo. In Gubbio reichliche Auswahl

Öffnungszeiten

Museo e Pinacoteca Comunale im Palazzo dei Consoli, Di – So: 16. März – 30. Sept. 9.30 – 12.30 und 15.30 – 18 Uhr, 1. Okt. – 15. März 9.30 – 13 und 15 – 17 Uhr; Palazzo Ducale Mo – Sa 9 – 13 und 15 – 18.30 Uhr (winters nur vormittags), So 9 – 12.30 Uhr

Unterkunft

Nur ein Beispiel von mehreren freundlichen Hotels: Tre Ceri */**, Via Benamati,6, 06024 Gubbio, Tel. 0 75/9 22 13 38, Fax 9 22 13 39

Auskunft

G. O. T. E. Gruppo Operatori Turistici Eugubini, »Easy Gubbio«, Via della Repubblica, 11, Tel. 0 75/ 9 22 00 66, Fax 9 22 05 48. Auch Parkplatz-Dauerkarte für Touristen

Karte

IGM, Blatt Gubbio, 116 III SE. Außerdem Kompasskarte Nr. 664 Gubbio – Fabbriano, 1: 50 000

Variante

Der Rundgang durch Gubbio führt zuerst von der langgestreckten Halle der Wollweber (ursprünglich Hospital, frühes 14. Jh.), unter der jetzt der bunte Gemüsemarkt seinen Platz hat, zur schlanken, hellen Kirche von San Francesco gegenüber (13. Jh.). Die Via dell'Repubblica – reich an Läden – steigt man zu den mächtigen Substruktionen der Piazza Grande mit den einander wirkungsvoll konfrontierten Repräsentativbauten des Palazzo dei Signori und des Palazzo Pretorio hinauf. Noch darüber erheben sich Dom und Herzogspalast. Von dort geht es westlich wieder hinab durch Altstadtgassen zum Bargello-Palast (ehemals Rathaus). Oder man wandert zur südöstlichen Altstadt mit den Kirchen Santa Maria Nuovo und San Pietro, in deren Kreuzgang eine große Weihnachtskrippe steht. Zu all den Schätzen aus Mittelalter, Renaissance und Barock hat Gubbio südwestlich außerhalb der Stadtmauern auch noch ein römisches Amphitheater

Ein berühmtes Wahrzeichen bürgerlicher Selbstbestimmung: der Palazzo dei Consoli in Gubbio, 1332 – 37 erbaut.

29 Von Badia zum Monte Corona

Tourenlänge
9 km

Durchschnittliche Gehzeit
3 Std.

Etappen
Badia – Monte Corona 3 km – Santa Giuliana delle Pignatte 3 km – Badia 3 km

Steigung
450 m

Interessantes am Weg
Benediktinerabtei San Salvatore di Monte Corona, Meditationsräume beim Eremo di Monte Corona

Wegcharakter
Auf Pfaden und weißer Straße durch Wälder zum Gipfel und weiter; auf Asphaltstraße zurück durch den Fosso di Badia

Wegmarkierung
Aufstieg: blaue Zeichen »Mattonata Sentiero Natura«, Teilstrecke Nr. 5c (rotweißrot), auch gelbe Zeichen der GAAT (Gruppo Archeologico Alto Tiber)

Über dem Tibertal, südlich von Umbertide

Umbriens Mitte und Süden sind überreich an schöner Natur, Architektur und Kunst. Aber auch in der Landschaft des oberen Tibertals, nördlich von Perugia, sind Entdeckungen zu machen. Die Abbazia di San Salvatore bei Umbertide zum Beispiel: eine architektonische Kostbarkeit aus dem 11. Jh., mit einer erstaunlich großen, fünfschiffigen Krypta und seltenen, langobardisch geprägten Pflanzen- und Tierornamenten an einem steinernen Altarbaldachin. Die ehemalige Benediktinerabtei (»Badia«) liegt zwischen Feldern und hohen Pinienalleen am rechten Tiberufer, ein stimmiger Ausgangspunkt für eine Wanderung durch die Wälder des Monte Corona, des »Kronenbergs«. Droben wurde im 16. Jh. eine zweite Abtei erbaut, heute als »Badia Monte Corona« oder »Eremo di Monte Corona« bekannt.
Schilder weisen den Weg zum Waldrand östlich der Abtei San Salvatore (dort auch Übersichtstafel). Der WWF, der World Wide Fund for Nature, hat am Monte Corona ein gutes Werk für den Wanderer getan und für die so oft fehlende Wegmarkierung gesorgt (blaue Zeichen). Die Serpentinenstraße wird beim Aufstieg mehrfach gequert, durch Kastanien-, Eichen- und Buschwald, dicht durchwachsen von Brombeerranken und Kaiserfarn. Dieser Weg ist sehr alt, Reste von grober Pflasterung sind

Eine architektonische Kostbarkeit aus dem 11. Jh. ist die Abbazia di San Salvatore im oberen Tibertal. Von hier aus erwandert man den Monte Corona.

erhalten, die einst den Aufstieg der Pilger zum »Eremo« erleichterten.
Dort, wo die wieder einmal gequerte Serpentinenstraße zur weißen Straße wird, zweigt der Fernwanderweg zum Lago Trasimeno ab. Wir gehen weiter bergan nach Südosten, erreichen etwa eine Wegstunde nach dem Aufbruch die Höhe – und stehen vor verschlossenem Tor. Die **Abtei** ist eine Klausur, sie kann nicht besichtigt werden. Auf einer Tafel beim Eingang versichern die »fratelli di Monaco di Eremo«, die »kleinen Brüder des Mönchs vom Eremo«, daß »denen, die in diesen Mauern leben, nicht gleichgültig ist, wie es denen draußen ergeht«. In einem Seitengebäude im Park zeigen sie eine schlichte lebensgroße Krippengruppe der Christgeburt.
Ausblicke über die horizontweiten Waldberge beschert der Abstieg in südlicher, dann nach etwa 20 Min. in westlicher Richtung. Wieder nach zehn Minuten kommt die Straße durch das Tal in Sicht, das zur Badia zurückführt. Maschinenlärm von einem Steinbruch auf der anderen Talseite zerreißt die Naturstille.
Die Talbreite unterm Waldrand ist Ackerland mit wenigen Gehöften. Auf dem letzten Stück kann man die Serpentinen der weißen Straße abkürzen, auf

29
Umbertide
Staz.e di Montecorona
P
Badia
A E
Castiglione
416
R. del Guardengo
Fosso della Badia
C.se Colle
la Madonnina
Caccia della Badia
Pod.e S. Savino
S. Giuliano delle Pignatte
Monte Corona
693
705
N
0
500m

Pfaden an den Feldrändern, aber man gerät auch schnell in Dornengestrüpp. Die Richtung ist nicht zu verfehlen, der alte weißgraue Wehrturm von Castiglione oberhalb Badias zeigt sie an. Am besten geht man zu der wenig befahrenen Asphaltstraße auf der Westseite des Talgrundes hinüber, denn ein anderer durchgängiger Weg in Richtung Badia und Umbertide ist nicht erkennbar. Kommt man am späten Nachmittag, frühen Abend zur Abtei San Salvatore zurück, erlebt man die hohen Pinienreihen im Tibertal im allerschönsten Licht.

Informationen zur Tour

Ausgangsort
Badia, Abbazia di San Salvatore (250 m)

Anfahrt
Pkw: Von Perugia nach Umbertide auf der E 45 knapp 30 km, von Umbertide südöstlich nach Badia etwa 4 km (ausgeschildert)

Zielpunkt und Rückfahrt
Rundwanderung zur Abbazia Monte Corona (705 m)

Einkehrmöglichkeiten
Keine

Öffnungszeiten
Die Abbazia di San Salvatore wurde 1996 restauriert, Zutritt war jedoch möglich. In Umbertide: Centro per l'Arte Contemporanea in der Rocca Di – So 10 – 13 und 16 – 19 Uhr

Unterkunft
In Umbertide z. B. Hotel Moderno*, S. S. Tiberina 3 bis (östlich vom Bahnhof, mit kleinem Garten), Tel. und Fax 075/9413759

Auskunft
Pro Loco, 06019 Umbertide (nordöstlich der Rocca), Tel. 075/9413380

Karte
IGM, Blatt Umbertide, 122 I NE

Sehr schön im warmen abendlichen Licht Umbriens: die Pinienallee bei der Abbazia di San Salvatore.

30 Begegnung mit Perugia

Tourenlänge
6 km

Durchschnittliche Gehzeit
2 – 3 Std.

Etappen
Giardini Carducci – Piazza IV Novembre 0,5 km – Piazza Braccio Fortebraccio 0,8 km – Tempio di San Michele Arcangelo 0,8 km – Piazza San Francesco 1,5 km – Piazza Matteotti 0,7 km – Museo Archeologico Nazionale 0,7 km – San Pietro 0,7 km

Steigung
200 m

Interessantes am Weg
Die wichtigsten Plätze, Paläste, Kirchen und Museen im historischen Zentrum Perugias

Wegcharakter
Die vergleichsweise kurze Gehstrecke kann zu einer anstrengenden Unternehmung werden, wenn man mehrere Besichtigungen einplant. Außerdem ist Perugia eine Berg- und Talstadt – und voller temperamentvoller Autofahrer

Wegmarkierung
Keine

Eine erste Erkundung von Umbriens Hauptstadt

Schon die unterirdische Auffahrt mit den Rolltreppen der »Via Mobile« ist ein Erlebnis: Sie führt an etruskischem und mittelalterlichem Mauerwerk vorbei und durch die Gewölbe der einstmals päpstlichen Rocca Paolina. Droben wartet einer der schönsten »Balkons« Umbriens, der **Aussichtsplatz Giardini Carducci** (1) ganz im Süden der langgestreckten Stadthöhe. Über die tief eingeschnittenen Seitentäler haben sich die 150 000 Einwohner längst ausgebreitet, mit Treppen und Tunneln und Straßenschleifen bergauf und bergab, die Achterbahnen gleichen.

Der *Corso Vannucci*, die Flaniermeile, führt an Palästen und Läden zum **Palazzo Comunale** oder dei Priori (2), einem der prächtigsten im Lande und Heimstatt der reichsten Kunstsammlung Umbriens, der **Galleria Nazionale**. Nebenan: die Zunftkammer der Geldwechsler, mit Wandbildern Peruginos. Einige Schritte weiter schmückt der wegen seiner Reliefs hochberühmte Renaissancebrunnen **Fontana Maggiore** (3) die *Piazza IV Novembre*, bei den Freitreppen zum Dom (beliebt für Ruhepausen!). Der **Dom San Lorenzo** (4) ist eine mächtige Hallenkirche aus dem 14./15. Jh. Die bescheidene **Cappella di San Severo** (6) hat ihm jedoch eines der schönsten Bilder Perugias voraus, das Fresko der hl. Dreifaltigkeit von Raffael und seinem Lehrer Perugino.

Über der Dächerlandschaft von Perugia: der Campanile der Bettelordenkirche San Domenico (heute Museo Archeologico).

San Severo erreicht man über die *Piazza Danti* etwa 300 m östlich vom Dom, vorbei am Eingang zum **Pozzo Etrusco** (5), dem 37m tiefen etruskischen Brunnen aus dem 4. Jh. v. Chr. Durch schmale Gassen, dann durch heftigen Verkehr geht es über die *Piazza Braccio Fortebraccio* mit dem urtümlichen **Arco Etrusco** (7) und dem **Palazzo Gallenga** (Ausländer-Universität), nach Norden zur Rundkirche **San Michele Arcangelo** (8), einer der schönsten frühchristlichen Rundkirchen Italiens und in Umbrien einzigartig. Das Parkgelände bei San Michele lädt zur Pause. Von diesem Abstecher kommt man in Richtung Zentrum auf gleichem Weg über den *Corso Garibaldi* zurück oder – ungestört vom Autoverkehr – auf der *Via del Acquedotto*.
Jetzt westlich halten (siehe Karte), auf die wunderschöne Marmorfassade des **Oratorio di San Bernardino** (9) zu! Um dieses Renaissance-Meisterwerk des Florentiners Agostino di Duccio trifft man auf ansehnliche Kirchen- und Torbauten und auf die Akademie der Schönen Künste. Kleine Gassen, ruhige Viertel locken südlich, der Rundweg führt aber wieder bergauf und trifft über die lange, malerische *Via dei Priori* nach etwa 500 m beim Palazzo auf den *Corso Vannucci*.
Hier könnte man es für diesen Tag bei einem Espresso genug sein lassen. Oder geht man doch zur *Piazza Matteotti* hinüber und steigt von dort wieder talwärts? Verlocken könnten das **Museo Archeologico** (10) mit seinen etruskischen Schätzen und **San Pietro** (11), die erste Bischofskirche Perugias, ursprünglich romanisch, mit üppigen Erweiterungen der Renaissance und des Barocks. Zurück zum Zentrum und zur *Piazza Italia* kommt man von dort mit dem Bus.

Informationen zur Tour

Start **Ausgangsort**
Giardini Carducci, Perugia

Anfahrt
Nach Perugia siehe »Reiseinformationen A–Z«. In Perugia an der Piazza Partigiani parken (auch Parkhaus), mit der Via Mobile (Rolltreppen) zur Piazza Italia hinauffahren

Zielpunkt und Rückfahrt
Rundwanderung mit Abstechern

Einkehrmöglichkeiten
In jeder Preislage und fast immer gut. Tip für die preisgünstige Mahlzeit: La Botte*, Via Volte della Pace, 33, Tel. 075/5722679, nahe beim Dom. Gepflegte Küche: La Rosetta **, Piazza Italia, 19, Tel. 075/5720841

Unterkunft
Das »Brufani«**** an der Piazza Italia ist die beste Adresse. Ein kleines Altstadthotel mit sympathischer Atmosphäre ist das »Priori«**, Via Vermiglioli 3 (Ecke Via dei Priori), Tel. 075/394341, Fax 396641

Öffnungszeiten
Galleria Nazionale dell'Umbria Mo–Sa 9–13 und 15–19 Uhr, So 9–13 Uhr, Dez. geschlossen; Museo Archeologico Nazionale dell'Umbria Mo–Sa 9–13.30 und 14.30–19 Uhr, So 9–13 Uhr; Pozzo Etrusco April–Sept. tgl. 10–13.30 und 14.30–18.30 Uhr, Okt.–März Mo–Fr 10.30–13.30 und 14.30–16.30 Uhr, Sa/So bis 17.30 Uhr; San Severo (Raffael/Perugino) April-Sept. tgl. 10–13.30 und 14.30–18.30 Uhr, Okt.–März nur bis 16.30 Uhr

Auskunft
Ufficio Informazione Turistiche, Piazza IV Novembre (links vom Dom), Tel. 075/5723327, Fax 66828

Karte
Übersichtsplan beim Verkehrsamt; Stadtplan 1:10000 vom Studio F.M.B., Bologna, an Kiosken

Reiseinformationen von A bis Z

Agriturismo

»Agriturismo – Umbria Ospitalità«, italienisch-englischer Sonderprospekt mit den Adressen der anerkannten Gastbetriebe und allen erforderlichen Angaben, hg. von der Regione dell'Umbria (siehe Auskunft).

Alpenverein

Club Alpino Italiano, Vicolo Pianciani, 4, Spoleto, Tel. und Fax 0743/22 04 33 (Fr 17.30–19.30). CAI-Sektionen auch in Città di Castello, Foligno, Gualdo Tadino, Gubbio, Perugia und Terni. Sehr hilfsbereit!

Anreise

Auto: Autostrada del Sole (A 1), Adria-Autobahn (A 14) und die zur Autobahn ausgebaute, mautfreie E 45 (Cesena – Orte).
Bahn: über Florenz (Umsteigen) nach Perugia oder über Ancona nach Foligno und Spoleto.
Flug: Regionalflughafen Sant'Egidio bei Perugia, außerdem in Pisa, Rimini, Rom.

Auskunft

In Italien: Regione dell'Umbria, Ufficio Promozione Turistica, Corso Vannucci, 30, 06100 Perugia, Tel. 0 75/50 41, Fax 5 04 24 83.
Im Ausland: ENIT, Staatliches Italienisches Fremdenverkehrsamt, mit Büros in Düsseldorf (Tel. 02 11/13 22 31), Frankfurt/Main (Tel. 0 69/23 74 10), München (0 89/53 03 60), Wien (1/5 05 43 74) und Zürich (1/2 11 36 33).

Ausrüstung

Für viele Wanderungen genügen leichte Bergschuhe oder robuste Tennisschuhe, Jeans, Windjacke und Kopfbedeckung. Je nach Wetterlage auch Regenschutz! Frühling und Herbst bringen niedrige Temperaturen – tragen Sie auch sommers wegen kühler Nächte Pullover! Eine (Kühl-)Flasche mit Wasser oder anderen Durstlöschern und etwas Proviant sind fast unentbehrlich, der Kompaß und ein Fernglas nützlich.
Perfektionisten haben in markierungsarmen Regionen eine moderne Navigationshilfe dabei, die Standort, Etappen und Zieldistanzen mit Satellitenortung feststellt (»Garmin 38« wiegt nur 255 g, Bezug: GPS GmbH,

Barerstr. 48, 80799 München, Tel. 0 89/2 80 24 56).
In den Monti Sibillini sind auch Skiwanderungen möglich.

Karten

Aktuelle Wanderkarten im Maßstab 1 : 25 000 haben Seltenheitswert. Tip: Man kann zurückgreifen auf Militärkarten des Instituto Geografico Militare (IGM) der 50er und 60er Jahre. Vertrieb über die Firma Eliografica S.r.l., Via della Moda, 14, 06125 Perugia, Fax 0 75/4 15 32, Preis pro Kartenblatt umgerechnet ca. 10 DM.

Markierung

Das Netz der markierten Wege ist weitmaschig, und vielerorts fehlen die Markierungen. Alpenvereinszeichen: rotweißrot.

Preisklassen

Hotels: Doppelzimmer untere Preisklasse * umgerechnet bis 100 DM, mittlere Preisklasse ** bis 150 DM, obere Preisklasse *** bis 250 DM, Luxus **** über 250 DM (Frühstück oft gesondert berechnet).
Restaurants: Menu mit drei Gängen, ohne Getränke: * bis 25 DM, ** bis 50 DM, *** bis 80 DM, **** über 80 DM.

Übernachtungen

Das jährlich neu herausgegebene Gratisheft »Ospitalità in Umbria« enthält alle Angaben zu den anerkannten Hotels, Campingplätzen, Jugendherbergen, Übernachtungsmöglichkeiten in Klöstern sowie zu den »Residenze d'Epoca« (Schlösser, Klöster und Villen mit historischer Einrichtung). Ein Sonderprospekt informiert über Ferien auf dem Lande (Agriturismo, s.o.).
Eine Agentur unter deutschsprachiger Leitung ist »Portasole« mit Unterkunftsprospekt »Herzlich willkommen in Umbrien« und geführten Wanderungen, auch Gepäcktransport (Via Prome, 1, 06122 Perugia, Tel. 0 75/ 572 26 45, Fax 572 29 74, auch unter dem Namen »Viaggiatori, Viandanti e Sognatori«). Wenige Schritte vom Dom in Perugia.

Vorsicht!

Auch wenn man keine Schlangen sieht, es gibt sie, und manche sind giftig. Tragen Sie nicht zu leichtes Schuhwerk und nehmen Sie einen Wanderstock mit, vorsichtig im Gelände!

Zeitangaben

Beziehen sich auf reine Gehzeit.

Ortsregister

Kursive Ziffern verweisen auf Abbildungen, geradestehende auf Textstellen.